Siegfried Stein

Kleine grüne Paradiese

Siegfried Stein

Kleine grüne Paradiese

Kreative und platzsparende Ideen für jeden Garten

BLV

INHALT

DER GARTEN EDEN
BRAUCHT WENIG PLATZ

Ruhe, Frieden und Ausgleich, das soll uns der Garten bescheren. Geborgenheit und Schutz, ohne daß er auf andere abweisend und unfreundlich wirkt. Lebendig und interessant soll er sein, aber der Platz ist meistens knapp. Immer kleinere Grundstücke zwingen dazu, den Garten wie eine Wohnung einzuteilen und zu »möblieren«. Das gilt selbst dann, wenn man sich mit den Nachbarn versteht und die gemeinsame Grenze zugunsten einer übergreifenden Gestaltung aufgibt, die alles viel großzügiger wirken läßt.

»Grüne Paradiese«, das sind Terrasse und Vorgarten, Kräutergarten und Naschecke oder Gemüsegarten und Hochbeet, das Gärtchen der Kinder, das sind die Kräuterschnecke, der Steingarten und die Staudenbeete, in der Sonne oder im Schatten. Der Gartenteich, der Bachlauf und die Wege stellen Verbindungen her, Stufen, Wälle und Terrassen bieten reizvolle Gestaltungsmöglichkeiten, die den Garten optisch und real vergrößern können.

Gerade Wege ohne ein bestimmtes Ziel wirken dabei langweilig und verkürzen den Raum. Blickachsen jedoch, z. B. vom Sitzplatz zu einem Baum, oder Durchblicke in einer Hecke, auf ein Gebäude im Hintergrund – etwa auf ein markantes Gartenhäuschen oder einen Pavillon –, auf einen Teich oder ein besonders schönes Gehölz, machen den Garten interessant und lenken die Aufmerksamkeit gewollt auf das Objekt.

Auf wenigen Quadratmetern lassen sich Nebenschauplätze eröffnen: Biotop, Bachlauf, Staudenbeete, durch die sich schmale Pfade schlängeln, ein Hochbeet oder ein Sitzplatz mit markanter Figur, Bank oder Laube.

Dieses Buch möchte viele Lösungen aufzeigen. Statt grünem Einerlei bunte Vielfalt. Gemüse, Obst und Blumen in wohlüberlegtem Miteinander. Trotzdem gibt es erstaunlich viel zu ernten.

SIEGFRIED STEIN

Ruhige Formen lassen kleine Gärten größer wirken. In einer solchen Kulisse kommt jede Pflanze optimal zur Geltung.

100 TAGE FRÜHLING UND MEHR

Blumen aus Zwiebeln und Knollen entwickeln sich freudig und sicher in Kübeln, Kästen und Minigärten. Weil die Blütenanlagen schon in den Speicherorganen vorgebildet sind, kann nicht mehr viel passieren. Sobald die Bedingungen stimmen, schieben sich Blätter und Blüten hervor. So sind sie die idealen Blüher für Vorgärten, Atriumgärten, Terrasse und Balkon. In Gefäßen aus Keramik, Holz, Metall oder in Körben untergebracht, lassen sich traumhaft schöne Akzente setzen. Je nach Jahreszeit beleben sie den Eingang, bilden Blickfänge rund ums Haus oder überbrücken die Wochen, in denen der übrige Garten gerade mal Blühpause hat. Das gilt für Sommerblüher wie Lilien, Pfauenblumen *(Tigridia)*, Freesien und Knollenbegonien, ganz besonders aber für die Frühjahrsblüher, die oft einen betörenden Duft verströmen.

Kaum hat die Sonne den letzten Schnee vertrieben, lugen auch schon die ersten Schneeglöckchen in weißen Trupps hervor und läuten das Frühjahr ein. Schnell gesellen sich leuchtend gelbe Winterlinge *(Eranthis hyemalis)* hinzu. Auch die Krokusse wollen nicht lange

Winterlinge beginnen im Februar. Mit Späten Tulpen endet die unentwegte Pracht im diesem Blumenkasten Ende Mai.

warten. Der Auftakt für ein buntes Frühlingsfest der Blütenfarben beginnt oft schon Mitte Februar. Mit zeitigen Arten wie zartviolettem Wildkrokus *(Crocus tommasinianus)* oder der gelben Zwergiris *(Iris danfordiae)* setzt der Blütenreigen ein. Narzissen, Hyazinthen und Tulpen sind die Hauptdarsteller. Erst im Juni folgt die blutrote Wildtulpe *(Tulipa sprengeri)*. Mit dem weißen Vogelmilchstern *(Ornithogalum umbellatum)* kann die Zeit der Zwiebelblumen leicht 3–4 Monate dauern – 100 Tage und mehr. In Balkonkästen oder Kübeln hat sich dafür die Pflanzung in Etagen bewährt. Doch wer diese Pracht genießen möchte, muß im Herbst rechtzeitig pflanzen. Je eher (im September), desto besser, denn noch vor dem Einfrieren müssen die Wurzeln die Erde durchdrungen und Nährstoffe getankt haben. Dann kommt die Kälteperiode (unter 5 °C), ohne die es keine Blüte gibt.

So wird ein 100 cm langer Balkonkasten bepflanzt:

● Ganz unten breitet man eine Drainageschicht aus (zum Beispiel aus Tonscherben) für guten Wasserabzug. Wer will, kann mit einem Vlies abdecken, damit die nun folgende 5 cm dicke Schicht Erde nicht durchrutscht.
● Darauf werden 25–30 Narzissenzwiebeln locker verteilt und mit 5 cm Erde abgedeckt.
● In der zweiten Etage folgen 20–30 Zwiebeln verschiedener Tulpensorten. Die Lücken bieten Platz für Hyazinthen oder Traubenhyazinthen. Wieder mit Erde bedecken.
● In der dritten Etage kann sich das »Kleinvolk« entfalten: Anemonen, Schneeglöckchen, Schneeglanz, frühe und späte Krokusse – ganz nach Belieben. Angießen nicht vergessen!
● Zum Einwurzeln bleibt der Kasten draußen, zum Beispiel an einer Hausmauer. Eine 20–30 cm dicke Laubschicht schützt vor dem Durchfrieren, dem auch Narzissen, Krokusse und andere nicht gewachsen sind.
● Ab Februar bahnen sich die Triebe einen Weg ins Freie. Nun wird das Laub entfernt, der Balkonkasten erhält seinen Platz an der Sonne. Kurz danach beginnt der Frühlingsflor.

Der Balkonkasten wird etagenweise befüllt. Auf jeweils eine Lage Erde verteilt man zunächst die größeren Blumenzwiebeln. Die dritte Etage ist den Traubenhyazinthen, Krokussen, Anemonen, und Winterlingen vorbehalten. Im Freien überwintert der Kasten unter Laub.

Gefüllte Tulpen 'Peach Blossom' und Wildtulpen sind für den Flor im Kasten gut geeignet.

benhyazinthen, Schneeglanz, Anemonen und Wildtulpen (siehe Kasten). Den hohen Sorten mangelt es an der Standfestigkeit – nur an windgeschützten Stellen bleibt die Freude ungetrübt. Durch die Kombination mit Frühjahrsblühern wie Schneeheide, Stiefmütterchen, Vergißmeinnicht, Primeln oder Kleinsträuchern wie Seidelbast oder Forsythien kann man herrliche Effekte erzielen.

Wie tief soll man pflanzen?

Wenn man alle Zwiebeln auf gleicher Höhe setzt (z. B. in einzelnen Sorten in Töpfen oder Schalen), dann gilt wie für die Pflanzung auf Freilandbeeten als Faustregel die zweifache Zwiebelhöhe bzw. 12–15 cm für große und 5–8 cm für kleine Zwiebeln.

Normale krümelige Gartenerde oder gekaufte Blumenerde genügen. Geben Sie als langsam fließende Nährstoffquelle gleich etwas Hornspäne oder mineralischen Depotdünger hinzu, und halten Sie die Gefäße immer gut feucht.

Auch Zwiebeln in Töpfen oder Kisten brauchen Schutz vor starkem Frost. Ein sehr kühler Kellerraum oder Laub sind ideal dafür. Man kann sie auch in ein größeres Gefäß stellen und den Zwischenraum mit isolierendem Styropor oder Holzwolle ausfüllen. Im Schutz der Hauswand bleiben sie bis Januar. Danach kann man sie satzweise ins Warme holen und am hellen Fenster zur Blüte bringen.

Alle niedrig bleibenden Zwiebelblumen gedeihen in Gefäßen und Balkonkästen. Besonders gut eignen sich Narzissen, Krokusse, Trau-

Für den 100-Tage-Frühling auf dem Balkon gibt es fertige Kombinationen zu kaufen. Oft sind es preisgünstige Pakete (»100 Blumenzwiebeln für ...«), die für einen größeren Balkonkasten gerade richtig sind. Wer die bunten Farben nicht mag, findet auch Ton-in-Ton aufeinander abgestimmte Packungen. Sie sind eine feine Sache, denn das Zusammenstellen der richtigen Arten, Züchtungen, Blühzeiten und Wuchshöhen ist mühsam und erfordert genaue Fachkenntnisse.

Blumenzwiebeln für Gefäße

Botanischer Name	deutsch/Sorte	Farbe/Merkmale
Anemone blanda	Strahlenanemone	blau oder weiß
Allium karataviense	Blauzungenlauch	violett, niedrig
Chionodoxa luciliae	Schneeglanz	himmelblau mit weiß
Crocus chrysanthus	Krokus	cremegelb, gelb gestreift
C. sieberi	Krokus	lila-gelb
C. tommasinianus	Krokus	violett
C. vernus	Krokus	großblumig, in mehreren Farben
Eranthis hyemalis	Winterling	sehr früh, goldgelb
Galanthus nivalis	Schneeglöckchen	weiß
Iris danfordiae	Zwergiris	gelb
Iris reticulata 'Harmony'	Netziris	blau
Muscari armeniacum	Traubenhyazinthe	blau, duftend
Narcissus-Hybriden	Osterglocken bzw. Narzissen, alle Sorten	gelb, weiß oder orange
N. 'Thalia'	Engelstränen-Narzisse	duftend, weiß
N. 'Bridal Crown'	Poetaz-Narzisse	duftend, weiß, gefüllt
N. cyclamineus	Wildnarzissen, v. a. die Sorten:	
	'Tête-à-Tête'	15 cm hoch, gelb
	'February Gold'	25 cm hoch, wüchsig
	'Jack Snipe'	25 cm, cremeweiß-gelb
Ornithogalum umbellatum	Stern von Bethlehem, Vogelmilchstern	weiß, sehr spät blühend
Scilla siberica	Blausternchen	blau
Tulipa	Tulpen, besonders die Sorten:	
	'Praestans Füsilier'	rot, mehrblütig,
	'Praestans Unicum'	rot, weißrandige Blätter,
	'Rotkäppchen'	rot, gestreifte Blätter,
	'Angélique'	rosa, gefüllt
	'Peach Blossom'	rosa, gefüllt
	'Schonoord'	weiß, gefüllt
	'Orange Nassau'	braunrot, gefüllt
T. bakeri	Wildtulpe	purpurrosa
T. batalinii	Wildtulpe	mehrblütig
T. kaufmanniana	Wildtulpe	rot, sehr früh
T. pulchella	Wildtulpe	magentarot
T. sprengeri	Wildtulpe	sehr spät
T. tarda	Wildtulpe	gelb, früh
T. turkestanica	Wildtulpe	weiß, früh

Crispa-Tulpen (hier 'Fancy Frills') zählen zu den schönsten Tulpenzüchtungen.

Wer das Besondere liebt: Exquisite Tulpen

Interessieren Sie sich für botanische Leckerbissen? Dann sollten Sie sich einmal unter den Tulpen umsehen! Als in Holland der »Tulpenwahn« seltsame Auswüchse trieb, waren es gestreifte und gefleckte Blüten (die Folgen einer ungefährlichen Viruskrankheit) oder bizarr ver-

formte Blüten wie bei den Papageientulpen, die alle Herzen höher schlagen liessen. Heute haben sich die Interessen verlagert. Besonderheiten sind eher die zarten Crispa-Tulpen mit feinsten, zarten Spitzen (Sorten: 'Fancy Frills', rosa, 'Laverock', gelb, 'Burgundy Lace', weinrot und 'Blue Heron', violett mit hellem Rand) oder elegante Kombinationen mit weiß gestreiften Blättern. Im aktuellen Farbtrend liegt die zartrosa Sorte 'New Design', die durch ihre dunkelrosa Ränder einen traumhaft schönen Ton-in-Ton-Effekt ergibt.

Buntblättrig sind auch 'Esperanto' (rosarot mit grün), und 'Praestans Unicum' (rot). Braun gestreift und daher auch nach der Blüte noch dekorativ sind die Fruchtstände der Botanischen Tulpen 'Bright Gem' (gelborange), 'Saxatilis' (lila mit gelbem Herz) und 'Tangerine Beauty' (orange).

Warum nicht einmal Barock? Dieser Vorgarten besticht im Frühjahr durch seine Zwiebelblumenpracht.

Für ein Feuerwerk an frühlingsbunten Farben reichen wenige Quadratmeter im Steingarten aus.

Alles Ton-in-Ton: Viridiflora-Tulpe 'Emerald 'n' Gold'.

Gleich zwei Vorteile vereinen die Tigerblatt-Tulpen in sich: exotisch braungrün gefleckte Blätter (sind schon vor der Blüte attraktiv) und angenehmer Duft. 'Giant Parrot' (rot) und die halbgefüllte 'Prinzessin Charmante' (signalrot) sind Beispiele dafür. Ganz ungewöhnlich und daher für Biedermeiersträuße besonders beliebt sind die rosa Sorten 'Angélique' und 'Upstar'. Beide sind pfingstrosenartig dicht gefüllt mit kugeligen Knospen und lange haltbar.

Wer für wenig Geld viel Farbwirkung erzielen möchte (zum Beispiel in Körben und Schalen oder als Blickfang im Steingarten), ist mit mehrblütigen Züchtungen bestens bedient. Eine Zwiebel, aber bis zu vier Blüten, damit können nicht nur die bekannte zeitige Wildtulpe 'Praestans Füsilier' (feuerrot) aufwarten, sondern zum Beispiel auch die mittelspäte 'Toronto' (lachs-

Die gefüllte rosa Tulpe 'Angelique' mit dicken, runden Knospen passt gut in Biedermeiersträuße.

orange), 'Compostella' (karminrot mit gelbem Rand) und weitere Züchtungen.

Weitere herausragende Tulpen sind die der Viridiflora-Klasse, jeweils Grün mit einer anderen Farbe gemischt, z. B. 'Groenland' (rosa), 'Golden Artist' (gelb) und 'Spring Green' (weiß). Solche Farben er-

schließen sich nicht auf den ersten Blick. Aber versuchen Sie einmal, sie vor Koniferen mit unterschiedlichem Grün in Szene zu setzen oder mit Buchs zu kombinieren oder mit der Kriechspindel *(Euonymus fortunei* 'Emerald 'n' Gold') als Hintergrund! Herrlich ist auch die einfache, haltbare, späte Tulpe 'Shirley', erst weiß mit rosa Rand, mit fortdauernder Blüte immer dunkler ins Rosa gehend.

> ## TIP
>
> Die eleganten Lilienblütigen Tulpen finden eine bedeutende Aufgabe zum Ausklang der Tulpensaison. Infolge ihrer späten Blüte füllen sie die Lücke zwischen den Frühjahrs- und Frühsommerblühern. Eine ideale Unterpflanzung ist Goldlack *(Cheiranthus cheiri)* mit warmen braun-rot-gelben Farben und betörendem Duft.

Mini- und Seerosen Dahlien ('Everswinkel' violettrosa) im Stelldichein mit Sommerblumen.

Sommerblüher für kleine Gärten

Der Farbenrausch der Frühjahrsblüher leitet über in die Fülle des Sommers. Stattliche Holländische Iris, duftende Freesien, üppige Knollenbegonien, Blütenkaskaden von Girlandenbegonien, Blumenrohr *(Canna)* mit tropischem Wuchs, die Zwerggladiolen 'Butterfly' und die weißen Blütenköpfchen des »Chincherinchee« genannten Milchsterns *(Ornithogalum thyrsoides)* sind Besonderheiten zwischen den einjährigen Sommerblumen und auf den Staudenbeeten. Selten werden sie flächig gepflanzt. Es lohnt sich jedoch, einige von ihnen in Körben oder Gefäßen wachsen zu lassen. Bei Bedarf kommen die Kallas *(Zantedeschia aethiopica,* weiß, und *Z. rehmannii* in exotischen Farben) als Blickfang hinzu.

Die Prozedur lohnt sich auch für Dahlien, von denen es jetzt herrliche niedrige Beet- und Balkonsorten gibt, die nicht mehr durch Stäbe gestützt werden müssen. 'Berliner Kleene' (orange), 'Margaret Kleene' (orangerosa) und 'Bluesette' (dunkelrosa) sind kompakte, 50 cm hohe Seerosendahlien, 'Everswinkel' (violettrosa), 'Pianella' (lebhaft rosa) und 'Park Princesse' (hellrosa) sind 60 cm hohe Kaktusdahlien mit besonders reicher Blüte, sehr gut zum Schnitt geeignet. Mit 'Gallery Pablo' (cognacfarben) bietet sich eine der sehr blühfreudigen, buschig wachsenden und großblütigen Sorten an.

Die Ingwerorchidee
(Roscoea humeana)
wünscht einen geschützten
Platz im Halbschatten.

Die Farbenpracht des
Afrikanischen Blütensterns
(Rhodohypoxis) kommt in
Gefäßen oder Trögen am
besten zur Geltung.

Schmankerl für Kenner

Besonderheiten für Pflanzenkenner
sind die dunkelrosa Ingwerorchidee
(Roscoea humeana), die schwefel-
gelbe Scheinorchidee *(Roscoea
cautleoides)* und der Afrikanische
Blütenstern *(Rhodohypoxis baurii)*,
die orchideenartige Leucocoryne
(Leucocoryne ixioides) aus Chile
sowie die lilarosa Japanorchidee
(Bletilla striata), die sich an geschützter Stelle auch im Gartenbeet
behaupten.

Ideal für Büromenschen ist die
alte Zierpflanze *Mirabilis jalapa*,
die sogenannte Wunderblume,
an der schon Gregor Mendel die
Vererbungsgesetze erforschte.
Tagsüber hält sie die Blüten ge-
schlossen – nach Feierabend
aber präsentiert sie sich und verströmt dabei einen wunderbaren
Duft. Sie gedeiht auch gut als
Kübelpflanze.

An der Wunderblume er-
forschte Mendel die Erbge-
setze. Abends entfaltet sie
Blüten und herrliche Düfte.

Lilien in Töpfen und Gefäßen

Neue Kreuzungen für Töpfe, Container und Rabatten haben den Lilien allerhand Empfindlichkeiten abgewöhnt. Sie wachsen niedrig, tragen ihre vielen großen Blüten hoch erhobenen Hauptes und ohne stützenden Halt und blühen lange. Dazu kommt oft ein überwältigend intensiver, angenehmer Duft, besonders bei der Gruppe der Orient-Hybriden, bei der die chinesische Goldbandlilie *(Lilium auratum)* eingekreuzt ist.

Blütendurchmesser von 20–25 cm wie bei der weißen Sorte 'Casablanca' (80 cm), der weinroten 'Stargazer' (70 cm), der weißen 'Royal Wedding' oder der farblich in rosa Tönen schwankenden 'Oriental-Mischung' (50 cm) sind nicht ungewöhnlich.

Topflilien pflanzt man so bald wie möglich in lockere, leicht saure, nährstoffreiche Blumenerde, vermischt mit Sand und in möglichst große Töpfe (16–30 cm Durchmesser). Die ideale Pflanzzeit liegt im Februar-März. Auf Tonscherben als Drainage werden pro Topf 3–7 Zwiebeln gesetzt, möglichst tief. Dann füllt man lockere Erde darüber und gießt gründlich an. Der aufschießende Trieb wird darin bald Wurzeln aussenden. Sobald sie mehr als 10 cm aus der Erde herausschauen, wird wöchentlich flüssig gedüngt. Im Gewächshaus oder im Freien kommen die Lilien zur Blüte. Gut geeignet sind Lilien nicht nur auf der Terrasse, sondern mehr noch eingesenkt oder ausgepflanzt an passender Stelle als Blickfänge in Gartenbeeten. Topflilien erhalten alle 2 Jahre neue Erde.

Mit vorgezogenen Lilien wie dieser Goldbandlilie in Töpfen kann man leicht Lücken in sommerlichen Staudenbeeten füllen.

TIP

Vorsicht vor Spätfrösten und vor den gut sichtbaren roten Lilienhähnchen! Das sind an und für sich hübsche, etwa 0,5 cm große Käfer, deren Larven jedoch an Blättern und Blüten viel Schaden anrichten. Ständiges Absammeln ist die beste Methode.

Vor dem Zugreifen sollten Sie jedoch eine Hand unter die Lilien halten, denn bei der geringsten Gefahr lassen sich die Käfer fallen und verstecken sich. Die kotverschmierten Larven kann man mit einem scharfem Wasserstrahl abspritzen.

Blütenwunder spät im Herbst

Das bringt nicht nur Kinder zum Staunen: Aus dicken braunen Zwiebeln schieben sich herrliche rosa Blüten hervor. Ohne daß auch nur das kleinste Blatt oder der geringste Wurzelansatz zu sehen wäre. Blüten ohne Blätter – das gibt es wirklich. Das Wunder vollzieht sich in jedem Gefäß, auf dem Fensterbrett oder in Schalen mit Herbstzeitlosen *(Colchicum)*. Ihre wilden Verwandten überziehen ab September feuchte, lehmige Wiesen mit einem zartrosa Schimmer. Man kann man die Zwiebeln im August oder September im Gartencenter erwerben und sie natürlich auch im Freien unter Gehölzen, im Steingarten, in Blumenwiesen ca. 15 cm tief stecken. Die Blüte beginnt ab September. Ideal sind sie für Balkonkästen und größere Gefäße. Dort öffnet sich unverhofft ein Reigen von immer neuen zartrosa Blüten, zwischen immergrünen Gehölzen oder als modisches Accessoire zu Eriken und Chrysanthemen.

Der richtige Clou, mit dem man immer wieder Erstaunen erregt, sind jedoch die dicken braunen Zwiebeln, die man wie zufällig in Schalen arrangiert. Nicht lange wird es dauern und leuchtend rosa Blütenkelche schieben sich aus fleischigen, zarten Stielen ans Licht, ohne Wasser, ohne Wurzeln – nur so. Drapieren Sie ein paar schöne gesammelte Bachkiesel oder einfach weißen Kies um die dicken Zwiebeln. Wenn nach ca. 4 Wochen die Blüte vorbei ist, kann man die Zwiebeln noch draußen unterbringen. Erst im Frühjahr zeigt sich dann das frischgrüne Laub, mit dem die Herbstzeitlose Kraft schöpft für die nächsten Blüten. Eine besonders attraktive Erscheinung ist die gefüllte Sorte 'Waterlily'.

Herbstzeitlosen bringen ihre Blüten ohne Blätter und Wurzeln hervor. Das Wachstum erfolgt im Frühling.

Ein Korb setzt Akzente. Im Frühjahr ist er mit Tulpen und Narzissen gefüllt, dann folgen Neuseeland-Kallas *(Zantedeschia rehmannii und -Hybriden)*.

WILDBLUMEN IN GEFÄSSEN

Oben: Mischungen bunter Feldblumen blühen bis zum Frost und sind ein Paradies für Insekten.

Unten: Die unempfindliche Fetthenne *(Sedum spectabile)* entwickelt sich im Herbst zum Falterparadies.

Unverfälschte Wildblumen, nicht von Züchterhand verändert, entwickeln einen besonderen Charme. Der Zauber eines roten Klatschmohnfeldes, gelben Wucherblumen und blauen Kornblumen am Wegesrand, Margeriten, die sich im Winde wiegen, Kornraden, Feldrit-tersporn und blauem Ackergauchheil – sie haben schon früheren Generationen Freude bereitet, Monet und andere Maler zu stimmungsvollen Kunstwerken inspiriert. Wer sie in den Garten holt, trägt gleichzeitig zur Erhaltung eines natürlichen Umfeldes bei, bietet Kleintieren Unterschlupf und Nahrungsquelle. Auch wenn das Kleinbiotop nur aus einer selbst angestrichenen Obstkiste besteht – es kann schon viel Gutes bewirken. Zwar hat nicht jeder Platz und Neigung für eine Blumenwiese, doch ein wenig davon läßt sich selbst im größeren Blumentopf verwirklichen.

Wildstauden sind anspruchslos, robust und pflegeleicht. Weil sie häufig Nektar bereithalten für Bienen, Hummeln und Schmetterlinge, ist ihr ökologischer Wert hoch. Nur alle zwei Jahre sollte man sie teilen und umpflanzen. Dabei bevorzugen sie Kompost oder durchlässige Gartenerde, die je nach den Ansprüchen und der Herkunft mit Kalkbrocken, Laubhumus oder Sand durchmischt sein sollte.

TIP

Schmetterlinge in Mengen locken diese drei Pflanzen an: Wiesenskabiose *(Knautia arvensis)*, ein Dauerblüher mit vielen hellblauen Blüten; Dost bzw. Oregano *(Origanum vulgare)*, ein rosablühendes Würzkraut, sowie die Fetthenne *Sedum spectabile*, die erst im Spätherbst zur Blüte kommt.

Wildstauden für das ganze Jahr

Wer in einer Staudengärtnerei stöbert, findet sicherlich eine reiche Auswahl von pflegeleichten Wildpflanzen, besonders wertvoll für Steingärten, Tröge und Balkonkästen mit Dauerbepflanzung.

● Im Frühjahr gibt es goldgelbe, herb duftende Himmelsschlüssel *(Primula veris)* oder zartgelbe Waldprimeln *(Primula elatior)* und das blaulila Lungenkraut *(Pulmaria officinalis)*, das sehr früh blüht, dann aber an schattiger Stelle das ganze Jahr über mit weißgefleckten behaarten Blättern erfreut. Dazu gesellen sich Duftveilchen *(Viola odorata)* und violettblaue Küchenschellen *(Pulsatilla vulgaris)* sowie als frostbeständiges Dauergrün die Haselwurz *(Asarum europaeum)*.

● Im Frühsommer bieten sich zu Akeleien *(Aquilegia vulgaris)*, himmelblaue Jakobsleiter *(Polemonium caeruleum)*, zartrosa Wiesenknöterich *(Polygonum bistorta)*, Margeriten *(Leucanthemum vulgare)* und dunkelblauer Wiesensalbei *(Salvia pratense)* an. Alternativen sind die Pfirsichblättrige Glockenblume *(Campanula persicifolia)*, himmelblauer Wiesenstorchenschnabel *(Geranium pratense)* und Alpenastern *(Aster alpinus)*. Diese Stauden passen in größere Schalen, am Fuß umschmei-

chelt von zartgrünen Blütenwolken des Frauenmantels *(Alchemilla mollis)* oder von den bodenbedeckenden Blättern des wüchsigen himmelblauen Günsels *(Ajuga reptans)*.

● Im Juli/August blühen zartrosa Moschusmalven *(Malva moschata)*, rosa Strandnelken *(Armeria maritima)* und dunkelblauer Eisenhut *(Aconitum napellus)*.

● Selbst im Herbst und Winter blühen noch heimische Stauden: Alpenveilchen *(Cyclamen purpurascens)* und Christrosen *(Helleborus niger* mit weißen Blüten und die *Helleborus*-Hybriden mit rosafarbenen Blüten).

Katzenminze *(Nepeta faassenii)* **und Ziergräser vertragen sich im Topfgarten mit schnellwachsenden Sommerblumen wie der rankenden und duftenden Kapuzinerkresse.**

Eine gewöhnliche Gemüsekiste wird mit pflanzenfreundlicher Farbe aufgepeppt.

Damit nichts durchrieselt, erhält sie eine Einlage aus Kunststoffnetz.

Auf Blumenerde wird der Samen ausgebracht, dünn abgedeckt und angegossen.

Unten: Eine Samentüte reicht für mehrere Gefäße. Das Ergebnis kann sich sehen lassen.

Wildblumen aus der Samentüte

In wenigen Wochen ein üppiges Blütenmeer und dann noch für wenig Geld – mit einer der vielen Samenmischungen aus dem Gartencenter ist dies kein Problem. Gleichgültig ob man im Gartenbeet sät, im edlen Terrakottagefäß, in Pflanzkübel, Balkonkästen, Wanne oder Korb – mit etwas Aufmerksamkeit bei der Pflege ist der Erfolg schon garantiert.

Gesät wird von April bis Juni in möglichst große Gefäße in normale Gartenerde, Kompost oder gekaufte Blumenerde. Wichtig ist der Wasserabzug, damit es bei Dauerregen nicht zu Staunässe kommt. Eigentlich kann man kaum dünn genug säen – jede Pflanze, die sich aus den winzigen Sämlingen entwickelt, braucht zum Schluß ihre 10–20 cm^2 Platz. Also: Nicht zu dicht säen oder nach dem Aufgang entsprechend verziehen, damit sich jede Pflanze gut präsentieren kann. Das Problem entfällt bei der Aussaat von Saatbändern, die es auch mit Wildblumenmischungen gibt. In ihnen liegen die Samen gleich im richtigen Abstand. Wichtig für üppige Blüte: Den Miniacker nicht austrocknen lassen und alle zwei Wochen flüssig düngen. Ein halbschattiger Standort ist optimal, denn bei voller Sonne trocknen die Gefäße zu schnell aus. Die ersten Blüten zeigen sich schon nach 6–7 Wochen. Bei artenreichen Samenmischungen hält der Flor an bis zum Frost.

Zauberhafte Farbenpracht

Klatschmohn, Kornrade, Leinkraut, Kornblumen, Flockenblumen, Adonisröschen, Gelbe Wucherblumen, Fingerhut, Gänseblümchen, blaue Lupinen, Moschusmalve, Himmelsschlüssel, Margeriten und andere sind heimische Wildblumen, die es als Samenpackungen einzeln zu kaufen gibt. Daraus oder aus Selbstgeerntetem eine eigene Samenmischung zusammenzustellen, macht Spaß. Auch fertige Kombinationen bieten sich an: Wiesenblumen (ohne Gras), Bienenfutterpflanzen, Schmetterlingspflanzen, Schattenpflanzen, Feld- und Wildblumen, Mischungen aus der Ackerrandflora. Für Gefäße, die oft dem Wind ausgesetzt sind, eignen sich besonders kompakte Kombinationen wie »Niedrige Landblumen« und »1001 Nacht«.

Die meisten einjährigen Wildblumen stammen aus Amerika, wo weite Landstriche (z.B. längs der Autobahnen) mit Wildblumen ihr ursprüngliches Aussehen zurückerhalten. Viele Ursprünge unserer heutigen Gartenblumen lernt man auf diese Weise kennen: aus Amerika kamen Studentenblumen, Dahlien, Goldmarie *(Bidens ferulifolia)*, Kalifornischer Goldmohn *(Eschscholzia california)*, Sonnenhut *(Rudbeckia)*, Schöngesicht *(Coreopsis)*, Sonnenblumen *(Helianthus)*, Zinnien *(Zinnia)* und Bienenfreund *(Phacelia)*. Aus Australien stammen die himmelblaue Liebeshainblume *(Nemophila menzie-*

sii), Strohblumen *(Helichrysum bracteatum)*, Immortellen *(Helipterum roseum)* und das Blaue Gänseblümchen *(Brachycome iberidifolia)*, vom Mittelmeer kommen Duftsteinrich *(Lobularia maritima)*, Bechermalven *(Lavatera trimestris)*, Ziergräser und Wucherblumen *(Chrysanthemum segetum* und C. *coronarium)*. 'Bella America', Bella 'Mediterranea', 'Bella Africa' und 'Bella Australia' sind farbenfrohe Mischungen der verschiedenen Herkunftsländer, die nebenbei Lehrreiches vermitteln.

'1001 Nacht' heißt diese herrlich bunte, nur 25 cm niedrige Wildblumenmischung.

Sumpfblume oder Spiegelei heißt diese blühfreudige Wildblume (botanisch: *Nemesia)* aus Nordamerika.

Kapuzinerkresse ist von
besonderem ökologischen
Wert. Blätter, Blüten und
die Früchte kann man essen

Meine Empfehlung:

● Besonderheiten von großem Reiz sind die winzig kleinen Blüten (ca. 5 mm) von **Sternenglimmer** (*Linanthus grandiflorus,* syn. *Leptosiphon*). Dafür erscheinen die herrlich bunten Blütchen im Überfluß und bilden einen nur 10 cm flachen, dichten »Millefleur«-Teppich. Sternenglimmer wird im Frühjahr gesät. Besonders gut eignen sich flache Schalen, Tröge und Minigärten an sonniger Stelle.

● Die **Sumpfblume** (*Limnanthes douglasii*) aus dem westlichen Nordamerika braucht trotz ihres Namens keinen dauerfeuchten Platz. Im Gegenteil – wo sie sich wohlfühlt, samt sie sich in Maßen aus und bildet von nun an in jedem Frühjahr ein leuchtend weiß-gelbes Blütenmeer. In Amerika heißt diese hübsche Pflanze »Poached egg«, also Spiegelei. Der Name trifft genau. Man kann die Sumpfblume von April an zu jeder Zeit breitwürfig am Platz aussäen. Nach 8–10 Wochen setzt dann die Blüte ein.

● Sehr romantisch gibt sich die **Liebeshainblume** (*Nemophila menziesii*) aus dem westlichen Australien. Diese Steppenpflanze bildet ebenfalls ganz rasch einen üppigen Blütenteppich an sonniger oder halbschattiger Stelle, diesmal in strahlendem Himmelblau.

● Fast den ganzen Sommer über blüht die orangegelbe **Bärenkamille** (*Ursinia anethoides*) aus Südafrika. Dieses Sonnenkind besticht durch enorme Blütenfülle, gedeiht sowohl direkt ausgesät im Freien als auch vorgezogen und in Balkonkästen oder Gefäße gepflanzt.

● Kaum zu übertreffen in ihrem Garten- und Ökowert ist die **Kapuzinerkresse** (*Tropaeolum majus*). Nicht nur, daß sie überaus wüchsig ist und leicht 2 m hoch klettert, sondern die zahlreichen Blüten duften auch angenehm und erscheinen in dichter Folge von Juli bis zum Frost. Die ganze Pflanze ist eßbar und schmeckt pikant-würzig, sogar die Blüten und die Knospen, die, in Essig gelegt, wie Kapern Verwendung finden. Durch ihren üppigen Wuchs erstickt sie den lästigen Giersch, lenkt Blutläuse von Obstbäumen und Kohlweißlinge von Gemüsepflanzen ab.

Im Topfgarten sieht die Kapuzinerkresse höchst malerisch aus. Man kann sie in Töpfen aus Samen vorziehen, aber nötig ist es nicht. Es reicht, im Mai ein paar Samenkörner in die Erde zu drük-ken. Besonders üppig blühen die nichtrankenden Sorten wie 'Whirly Bird' (rot), 'Persische Juwelen' (Mischung) und 'Alaska-Mix' (mit dekorativen weiß grünen Blättern).

Nützlinge anlocken

Das Angenehme mit dem Nützlichen verbindet die Aussaat von »Nützlingswiesen«. Solche Saatmischungen enthalten vorwiegend einjährige Nektar- und Pollenlieferanten wie Dill, Kerbel, Kamille, verschiedene Wucherblumen, Klatschmohn, Kornrade und Bienenfreund. Anders als kurzfristig blühende Sträucher oder Sommerblumen bieten diese Mischungen von Juni bis zum Frost ein wechselndes Dauerangebot von Nahrhaftem für die erstaunlich vielen Helfer im Garten, die sonst schlicht verkannt oder übersehen werden.

Zu ihnen gehören als Läuse- und Milbenvertilger nicht nur Marienkäfer, sondern vor allem auch Schwebfliegen. Auf den ersten Blick sehen sie aus wie Wespen, eine gekonnte Mimikry, die Feinde abwehrt. Die kleinen gelb-schwarz gestreiften Insekten bewegen sich jedoch ganz anders. Ruckartig, in der Luft mit schwirrendem Flügelschlag fast stehenbleibend, sind die harmlosen Schwebfliegen auf zahlreichen Blüten auf Nahrungssuche. Dabei zeigen sie sich, ebenso wie Bienen, Hummeln und andere Insekten, nicht sehr wählerisch. In blütenreichen Gärten fühlen sie sich wohl und eröffnen eine Kinderstube. Schwebfliegen zählen zu den wichtigsten Nützlingen im Garten. Ebenso wie die zartgrünen Florfliegen, hellbraunen Weichkäfer und räuberischen Gallmücken ernähren sich die erwachsenen Tiere von pflanzlicher Kost, die zarten, durch-

scheinenden Larven sind jedoch eifrige Blattlausvertilger. Nicht weniger als 400–500 Blattläuse vernichtet eine Schwebfliege in ihrer 2–3 Wochen kurzen Larvenzeit. Die Larven von Florfliegen und Marienkäfern sind ähnlich aktiv, auch gegen Milben, Schildläuse und andere Schädiger.

Besonders ungefüllte, schalenförmige Blüten sind günstig für die kurzen Rüssel zum Nektarsaugen. Im Fachhandel gibt es schnellwüchsige Wildblumen-Mischungen, die man an sonniger Stelle dünn verteilt aussäen kann.

Blüten für Nützlinge – ihr Ökowert ist hoch. Vom Nektar ernähren sich Schwebfliege & Co.

Auch ungefüllte Wildrosen, einfachblühende Dahlien und Stauden (z. B. Astern) sind für zum Anlocken von Nützlingen ideal. Die Gefäßkultur bietet große Vorteile, denn man kann die bunten Nektarquellen immer dorthin tragen, wo sie den besten Effekt erzielen.

KLEINE BIOTOPE RUND UMS HAUS

Auch wer keinen großen Garten hat, muß deshalb auf Wasser noch lange nicht verzichten. Der Spaß an den Schönheiten der Wasserpflanzenwelt, an gelben Iris und kostbaren Seerosen, läßt sich auch auf kleinstem Raum verwirklichen. In Verbindung mit ein wenig Pumpentechnik sprudelt das Wasser aus Brunnen, Düsen und Wasserfällen herab, es rinnt und plätschert, verbreitet mit sanftem Murmeln eine beruhigende Geräuschkulisse und kühlende, feuchte Luft. Wenn Sie wollen, sind sogar Gaumenfreuden möglich – die würzige Brunnenkresse *(Nasturtium officinale)* z.B. ist nämlich eine Wasserpflanze.

Tröge, halbierte Fässer, Fertigteiche für den Balkon oder verschönte Brunnenringe verfügen über wenig Wasserinhalt. Sie erwärmen sich leicht und dann wird für Fischhaltung der Sauerstoff knapp. Mit Pflanzen gibt es dagegen keine Probleme.

Vermeiden Sie in jedem Fall einen Standort in voller Sonne. Im Halbschatten gedeihen die Pflanzen besser. Rohrkolben *(Typha)*, Blumenbinse *(Butomus umbellatus)*, Hechtkraut *(Pontederia cordata)*, Tannenwedel *(Hippuris vulgaris)* und Zebrasimse *(Scirpus lacustris* ssp. *tabernaemontanus* 'Zebrinus') benötigen als filigrane Gewächse einen windgeschützten Platz. Gibt es den nicht, sind eher flachwachsende Zwergseerosen, Fieberklee, Binsen oder tropische Wasserpflanzen, wie die blaue Seerose *(Nymphaea × daubenyana)*, der Wassersalat *(Pistia stratiodes)* oder die leuchtend blauen Wasserhyazinthen *(Eichhornia crassipes)*, zu empfehlen.

Gebrauchte oder neue Fässer, oft auch halbiert, sind besonders dekorativ. Mit einer Folieneinlage

Zinkeimer mit Seerosen: eine günstige Alternative zu den üblichen halben Fässern.

werden sie wasserdicht und können dann ohne Rücksicht auf die frühere Verwendung bepflanzt werden. Wannen, große Töpfe oder auch flache Schalen als Vogeltränke sind weitere Alternativen. Terrakottagefäße müssen glasiert sein, sonst sind sie nicht dicht. Senkrechte Wände erweisen sich als ungünstig, da sie winterlichem Eisdruck nicht standhalten. Schräge Wände dagegen passen sich dem Druck an.

Im Handel gibt es auch vorgefertigte Schalen und Fertigteiche aus Kunststoff samt gefälliger Holzummantelung für Balkon und Terrasse. Die feste Form erweist sich als ein Vorteil, sie kann überall, auch im Hinterhof auf puren Beton gestellt werden und bald Gartenatmosphäre verbreiten. Dabei lohnt es sich, mehrere Gefäße unterschiedlicher Höhen und Größen in Gruppen zusammenzustellen und mit Dekoelementen aus Keramik, Kunststoff oder Holz den letzten Pfiff zu verleihen.

Bepflanzung

Naturparadiese mit bescheidenen Mitteln zu schaffen, fällt schwer. So hohe Ansprüche sind aber gar nicht nötig, denn schon wenig Wasser wird für manche Libelle, Wasserläufer oder Schlankjungfer zur Heimat. Die Bepflanzung lebt von der Spannung zwischen unterschiedlichen Höhen und Blattstrukturen. Zu einer Zwergseerose mit flach aufliegenden Schwimmblättern passen z. B. eine Zebrasimse, ein Hechtkraut mit aufstrebendem Wuchs

und das Sumpfvergißmeinnicht (*Myosotis palustris*) mit vielen kleinen Blättern und Dauerblüte, dazu Hornkraut (*Ceratophyllum*) als Unterwasserpflanze zur Anreicherung mit Sauerstoff. Oder Tannenwedel und Froschlöffel (*Alisma*), dazu eine Seerose und 2–3 Gauklerblumen als üppige Dauerblüher.

Für größere Gefäße sind gelbe Wasserschwertlilien (*Iris pseudacorus*) ideal, dazu Blumenbinsen, Fieberklee (*Menyanthes*) und Wollgras (*Eriophorum*), als Schwimmblattpflanzen Seekanne (*Nymphoides*) mit kleinen nierenförmigen Blättern und gelben Blüten.

Gefällig wirkt dieser kleine Wassergarten. Das Wasser wird über eine versenkte Amphore in Umlauf gebracht.

Alle Pflanzen werden in Körben untergebracht und in Wasserpflanzenerde eingesetzt. Gegen Aufschwimmen hilft Abdecken mit Tuch aus Jute oder mit Zierkiesel. Gedüngt wird nicht, aber nach 2–3 Jahren kann sich ein Umpflanzen oder Teilen als notwendig erweisen.

Was tun gegen Algen?

Algenbildung ist die Folge von zu vielen Nährstoffen im Wasser. Zergehende Blätter, Dünger, Fischfutter und Kalk bieten ihnen eine Nahrungsgrundlage. In reinem Wasser können sie sich kaum entwickeln. Völlig normal und nur vorübergehender Natur ist die sogenannte Algenblüte, die immer nach dem Einfüllen frischen Wasser auftritt. Das Wasser wird vorübergehend grün, klärt sich jedoch wieder, wenn sich das »biologische Gleichgewicht« eingestellt hat und teichspezifische Bakterien die Nährstoffumwand-

lung übernommen haben. Fadenalgen können überhand nehmen und Pflanzen ersticken. Besser als mit chemischen Mitteln zu arbeiten, ist das Entfernen von Hand oder mit einem Stab. Wenn man langsam wickelt und zieht, lassen sich selbst ausgedehnte Algenteppiche leicht entfernen.

Eine gute Methode, die langfristig wirkt, ist das Einbringen von Gerstenstroh in Leinenbeuteln (gibt es auch fertig gehäckselt als Pellets). Nach einigen Wochen beginnt sich das Stroh zu zersetzen. Die entstehenden Stoffe verhindern das Algenwachstum.

Teichwasser in guter Qualität

Regenwasser ist für alle Teiche ideal, wenn es zum Beispiel einem Dauerregen entstammt. Nach langer Trockenheit können die ersten Tropfen Schadstoffe aus der Luft enthalten. Leitungswasser ist meistens unbedenklich, allerdings sollten Sie mit im Handel erhältlichen Teststreifen den Säuregehalt (pH-Wert) testen. Schwach saure pH-Werte um 6–6,5 sind optimal, unter 5,5 enthält das Wasser zuviel Säure (dann Marmorkiesel oder Kalksteine einbringen), über pH 8 können sich nur noch wenige Pflanzen gut entwickeln. Mit Regenwasser, Essig oder Zitronen-

Zwei Fertigteiche sind in unterschiedlicher Höhe angelegt. So entsteht der Eindruck einer größeren Wasserfläche.

Viele Schwimmblatt-
und Unterwasserpflanzen
machen den Algen die
Nährstoffe streitig.

säure sowie mit Schwarztorf in Säckchen wird der Wasserzustand auf optimale Werte eingestellt.

Wasser im Haus

Da einheimische Wasserpflanzen winterhart sind, macht ihnen der Aufenthalt in Schnee und Eis wenig aus. Tropenpflanzen dagegen holt man ins Warme. Hell und bei 10–15 °C überwintern sie im Wintergarten oder im Flur. Eine gute Idee wäre es sicherlich, ihnen im Wintergarten für immer ein Plätzchen zu reservieren. Das verbessert die Raumluft über erhöhte Luftfeuchte und sieht gut aus. Mit einem Quellstein, Wasserspiel, Schaumsprudler oder Minispringbrunnen wird schnell ein attraktiver Blickfang geschaffen, der noch um Tropenpflanzen erweitert werden kann, etwa durch Bromelien (*Vriesea, Guzmania, Nidularium,* Tillandsien), Papyrus (*Cyperus papyrus*) oder andere Zyperngras-Arten *(Cyperus)*, Flamingoblumen *(Anthurium)* oder Zier-Ingwer *(Alpinia)*, Safranwurz *(Curcuma)*, Usambaraveilchen, Farne, Orchideen oder prächtig schimmernde *Calathea*-Sorten. Borke oder

Die prächtigen tropischen Seerosen *(Nymphaea* x *daubenyana)* müssen frostfrei überwintert werden.

Die springenden Delphine aus Bronze bilden <u>die</u> Attraktion am abendlichen Badeteich.

ne kleine Pumpe betrieben) künden von ruhiger Aktivität. Steinlaternen mit Partykerzen darin wirken bei abendlicher Beleuchtung besonders geheimnisvoll.

Überhaupt kann Dekolicht durch einen Pflanzenstrahler wahre Wunder bewirken. Plötzlich wandelt sich ein normaler Garten zur Theaterkulisse, in der Gräser, Bäume, Sträucher und Steine auf ungewöhnliche Weise auf sich aufmerksam machen. Leuchtkugeln, auf dem Wasser treibend, verbreiten ein warmes, stimmungsvolles Licht. Das alles kostet wenig Energie, da Gartenleuchten immer mehr aus stromsparenden ungefährlichen Niedervoltleuchten zur Selbstmontage bestehen.

Lavasteine, mit der moosähnlichen *Selaginella* bewachsen, könnten dem Urwald entstammen.

Darüber hinaus wirkt das leise Plätschern des Wassers beruhigend auf viele Menschen. Kleinstlandschaften findet man in der Umgebung von Zimmerbrunnen, die immer beliebter werden. In Japan wird der Besucher schon im Flur mit einer Minilandschaft aus Wasser, Kies, Steinen und wenigen Pflanzen begrüßt. Bei uns noch ungewöhnlich, hat dieser Brauch doch etwas für sich, zeigt er doch die Verbundenheit der Bewohner mit der Natur. Fernöstliches paßt gut in Atriumgärten, in Vorgärten, Dachgärten oder auf kleine Grundstücke, die Ruhe und Besinnlichkeit vermitteln wollen. Leise rascheln die Blätter des Bambus, Wasserspiele wie das klackende Shishi-Odoshi (durch ei-

TIP

Für alle anderen Anschlüsse im Freien braucht man einen zugelassenen Fachmann und einen Fehlerschutzstromschalter (FI-Schutzschalter), der bei geringstem Fehler die Spannung unterbricht. Solche Schalter kann man auch zwischen Stecker und Geräten anbringen.

Wasser in Bewegung

Wasserspiele beleben ungemein. Besonders stilvoll sind Tierfiguren, Fische oder Skulpturen aus wertbeständiger Bronze. Günstiger im Preis sind Messing, Kupfer und Kunststoff, dafür auch weniger haltbar. Den stabilen Futtertrog aus

Granit findet man mitunter noch beim Bauern oder im Antiquitäten- und Dekohandel.

Vielen modernen Produkten aus Kunststoff sieht man ihr Innenleben nicht an. Mit raffinierter Beschichtung täuschen sie Echtheit vor. Das macht durchaus Sinn, denn besandete Felsdekor-Steine wiegen nur ein Bruchteil der Originale und kommen damit Statik und dem Transport entgegen. Ganze Felswände lassen sich auf diese Weise gestalten, sogar auf Dachgärten und Balkonen, die ansonsten von der Statik her wenig Belastung aushalten.

Glasierte Keramik ist eine gute Alternative. Besonders malerisch sehen stehende oder liegende Amphoren aus, die man durchbohren und an Schlauch und Pumpe anschließen kann. Daraus ergießt sich dann ein Wasserschwall – ideal für Bachläufe, die man bei begrenztem Raum kurz und trotzdem reizvoll gestalten kann. Bögen, Stufen, engere und weitere Bereiche im Bachbett sowie malerische Kiesel und Steine auf dem Weg zutal bringen Abwechselung. Mit einigen Sumpfpflanzen in dafür vorgesehenen Buchten ist das natürliche Bild bald erreicht.

Gut geeignet für Bachläufe ist besandete Steinfolie oder eine Folie, die sich nachträglich mit Kies bestreuen und auf diese Weise perfekt der Umgebung anpassen läßt. Vorsicht bei Metallgefäßen – sie können rosten und müssen durch eine eingelegte Folie aus PVC oder besser noch aus umweltfreund-

licher EPDM-Kautschukfolie geschützt werden. Diese Folie wird nach Gebrauch verbrannt und rückstandsfrei entsorgt. PE-Folien haben den Nachteil, daß man sie bei eventuellen Löchern kaum reparieren kann.

Mit ganz wenig Raum kommt dieser abwechslungsreiche Mini-Wassergarten samt Sitzplatz aus.

TIP

Ihr Garten wirkt doppelt so groß, wenn Sie an passender Stelle einen Spiegel einbauen. Erst bei näherem Hinsehen erkennt man den Trick.

Dank in der Mauer eingebautem Spiegel wirkt dieser Wassergarten viel größer als er in Wirklichkeit ist.

NASCHOBST AUF ENGSTEM RAUM

Bereits in der Antike haben sich Griechen und Römer mit der Kultur von Obst in Töpfen befaßt. Platz war Mangelware in den kunstvoll ausgestatteten Atriumgärten der Reichen und in der drangvollen Enge der Städte. Feigen, Weintrauben und Granatäpfel hießen damals die

Favoriten. In späteren Jahrhunderten interessierten sich Fürsten und reiche Bürger für solchen Luxus. Um die wertvollen Zitrusgewächse zur Schau zu stellen, waren prächtige Gartenanlagen nicht zu schade – die Villen der Medici in Italien, die ausgedehnten Kübelpflanzenkulturen am Hof von Versailles und die riesigen Sammlungen der preußischen Könige können teils heute noch bewundert werden. Orangerien und in der Kaiserzeit die Wintergärten halfen den geschätzten Exoten über die frostige Zeit. Auch die Kultur von Äpfeln, Birnen, Pfirsichen, Aprikosen und Mirabellen in Töpfen war bei Adel und Bürgern sehr beliebt. Sie forderte alle Gärtnerkünste und Schnittmethoden heraus. Heute sind die Bäumchen auf schwachwachsende Unterlagen veredelt, die selbst bei minimalem Wurzelraum frühe und reiche Erträge erlauben. Allerdings erschöpfen sie sich schnell und erreichen, bedingt durch das beengende Gefäß, nur eine Lebensdauer von etwa zehn Jahren. Im Garten ist das anders. Als Spaliere und Spindeln dienen sie als lebendige Trennung der »Gartenzimmer«, breiten sich an Hauswänden aus oder grenzen das Grundstück zum Nachbarn hin ab.

Unterlagen für Minibäume:

'M 9' (nach der englischen Forschungsanstalt East Malling), 'M 27' oder 'MM 106' (nach der Forschungsanstallt Malling-Merton) heißen die bevorzugten Unterlagen

Zum Anlocken von Insekten werden die Bäumchen mit Frühjahrsblühern unterpflanzt.

für schwachwachsende Äpfel in Kübeln und an Spalieren. Birnen werden auf 'Quitte A', 'Quitte BA 29' oder auf 'Quitte C' veredelt, oftmals auch zwei oder drei Sorten auf einem Stamm als Pärchen oder Drillinge, was nicht nur die idealen Bestäubersorten zusammenbringt, sondern auch eine lang andauernde Erntezeit ermöglicht.

Für Kirschen wird 'Colt' bevorzugt, aber auch 'Gisela 5' aus Gießen und 'Weiroot' aus Weihenstephan bei München. Bei Pflaumen, Renekloden und Aprikosen haben sich die französischen Unterlagen 'St. Julien INRA GF 655/2' und 'St. Julien A' bewährt, für Töpfe auch 'Pixi' und bei Pfirsichen, Nektarinen und Mandeln ebenfalls 'St. Julien INRA GF 655/2'.

In die Höhe statt in die Breite

Niemand möchte heute noch mit der Leiter ernten, und Platz ist überall knapp. Eine neue Entwicklung begann mit den »Säulenäpfeln« bzw. Schnurbäumen aus England, die zur Blüte- und Erntezeit gleichermaßen dekorativ aussehen, aufrecht wachsen und sich seitlich nicht verzweigen. Zahlreiche Blüten und Früchte sitzen an kurzen Fruchtspießen dicht am Stamm. Der einzelne Baum besteht nur aus einem Mitteltrieb und erreicht eine geringe Höhe, die, je nach Unterlage, zwischen 80 cm und 2 m liegt. »Ballerina«-Apfelbäume werden nur ca. 30 cm breit. Vereinzelt auftretende, zu lange Seitentriebe

werden auf 2–3 Augen zurückgeschnitten, weiteres Schneiden entfällt. Sie passen in Kübel oder größere Töpfe von mindestens 25 Liter Inhalt. Meist schon im Pflanzjahr, spätestens aber im folgenden Herbst reifen die ersten Früchte.

Säulenäpfel eignen sich besonders für die Kultur in größeren Töpfen, als Terrassen- und Balkonschmuck. Man kann sie im Garten in Gruppen oder Hecken pflanzen, außerdem sehen sie im Schmuck ihrer

Säulenäpfel (»Ballerinas«) brauchen wenig Platz. In Gefäßen gedeihen sie auf Terrasse und Balkon.

31

Blüten und Früchte sehr ansprechend aus.

'Bolero' bringt hellgrüne Äpfel im Typ der bekannten Sorte 'James Grieve', die frisch vom Baum am besten schmecken. 'Flamenco' ist ein lieblich-süßer Tafelapfel, rotgrün gefärbt und lagerfähig bis zur Weihnachtszeit. 'Maypole' zeigt im Mai viele karminrote Blüten und dunkles Laub. Ein Zierapfel mit mittelgroßen Früchten, für Saft, Marmelade und Gelee. 'Polka' hat ebenfalls tiefrosa Blüten, gefolgt von grünroten Äpfeln, die frisch vom Baum am besten schmecken. 'Waltz' ist ein später Lagerapfel mit dunkelroten Früchten und saftigsüßem Geschmack.

Obwohl sie auch als »Singles« fruchten, pflanzt man »Ballerina«-Äpfel wegen der besseren Bestäubung bevorzugt mit mehreren anderen zusammen. Das gibt mehr Früchte.

Daß Obstbäume eine zweite Sorte in der Nähe zur Bestäubung brauchen, ist bei vielen Arten wie Äpfel, Birne, Süßkirsche und Pflaume die Regel. Die Ausnahmen sind jedoch für kleine Gärten interessant. Achten Sie auf selbstfruchtbare Sorten, denn sie brauchen keinen Partner! Auf großes Interesse stoßen die noch wenigen Süßkirschensorten aus Kanada mit solchen Eigenschaften wie 'Lapins' und vor allem

'Sunburst', die auf die schwachwüchsige Unterlage 'Colt' veredelt im Angebot ist. Sehr dicke, knackige und wohlschmeckende Früchte sowie nicht mehr als 3 m Höhe sind gefragte Eigenschaften. Saftige Zwergpfirsiche und aromatische Nektarinen eignen sich für geschützte Standorte. Ihre tiefrosa Blüten sind jedoch häufig durch Fröste gefährdet. Es lohnt sich, sie während der Blütezeit durch eine Umhüllung aus Vlies zu schützen.

Bienen und Hummeln übertragen den Blütenstaub, der den Fruchtansatz sichert. Doch häufig finden Sie nicht zu den Bäumchen. Pflanzen Sie Primeln in leuchtenden Farben, *Bellis*, Stiefmütterchen oder Goldlack dazu, um die Insekten anzulocken. Die kleine Mühe macht sich durch weit besseren Ertrag bezahlt.

Das richtige Pflanzgefäß

Ob Terrakotta, Holz oder Metall – das Material ist nicht entscheidend, doch ein dauerhaft funktionsfähiges Abzugsloch im Boden sollten alle Gefäße besitzen. Terrakotta ist edel, aber die billigen Qualitäten sind meist nicht winterfest. Bei vielen Kunststoffgefäßen fällt die Unterscheidung zu Terrakotta schwer. Weil erheblich leichter und bruchfester, lassen sie sich besser transportieren. Außerdem verschmutzen

Wenn Platz fehlt, kann man Trauben auch auf Dächern ernten. Pflegeleicht ist die Sorte 'Boskoop Glory'.

sie kaum. Grundsätzlich dürfen alle Gefäße ein wenig zu groß sein. Auf den Boden schüttet man zunächst eine ca. 10 cm hohe Schicht aus Kies oder Tonscherben, damit später keine Staunässe entsteht. Grobbrockige Erde mit Tonanteilen für eine dauerhaft luftige Struktur kann man kaufen oder selber mischen aus 1/3 lehmhaltiger Blumenerde, 1/3 Sand und 1/3 Reifekompost.

In gleicher Höhe wie zuvor in der Baumschule werden nun die Bäumchen eingesetzt. Festes Andrücken und gründliches Einschlämmen bringt den Erd-Wurzelkontakt zustande, der für das Anwachsen so wichtig ist. Später lockert man alljährlich den oberen Boden bis in ca. 15 cm Tiefe und sorgt mit mineralischen oder organischen Langzeitdüngern für eine andauernde Nährstoffzufuhr.

Jedes Austrocknen gefährdet den Erfolg. Blüten und Früchte, auch die Blätter, werden in der Not abgeworfen, doch dazu darf es nicht kommen. Nicht zuviel und nicht zu wenig – automatische Tröpfchenbewässerungen regeln das zuverlässig. Sie lassen sich entweder zentral nach Wassermenge und vorgegebener Dauer über ein Computerprogramm steuern, über ein elektrisches Meßsystem (Tensiometer) oder preisgünstig mit Feuchtefühlern aus Holz oder Ton, die die Funktion der Wurzel nachempfinden und die Wasserzufuhr je nach Bedarf öffnen oder schließen. Auch flüssige Dünger kann die automatische Bewässerung verteilen. Langzeitdünger decken den Nährstoffbedarf je nach Bedarf der Pflanzen über Monate.

Ein dunkler, frostfreier Ort ist zum Überwintern von Kübelobst richtig.

Dabei wird möglichst spät vor dem Frostbeginn eingeräumt. Wenn keine stärkeren Fröste mehr zu erwarten sind, wandern die Pflanzen wieder ins Freie, auf jeden Fall vor dem Laubaustrieb. Heimische Gehölze (keine frostempfindlichen) kann man auch samt Topf in den Boden versenken und mit einer dicken Schicht Laub abdecken. Gefährdet sind kaum die oberirdischen Pflanzenteile, sondern eher der Wurzelballen. Mit Laub gefüllte Kisten, in die man die Töpfe stellt, verhindern ein Durchfrieren, ebenso isolierende Jutematten, Styroporplatten oder mehrere Lagen Noppenfolie.

Beerenobst mit zierenden Früchten

Rote oder Weiße Johannisbeeren, Stachelbeeren mit grünen, gelben oder roten Früchten eignen sich gut für die Kübelkultur. Über viele Wochen sehen die reifenden Früchte

dekorativ aus. Man kann sie aus diesem Grund ohne weiteres in den Ziergarten integrieren, zwischen die Stauden, an den Sitzplatz oder als Wegbegleiter in den Vorgarten. So findet man beim Rundgang immer wieder leckere Überraschungen und ein separater Nutzgarten wird gespart. Längst haben Züchter erreicht, daß die Giftspritze im Garten nichts zu suchen hat – mit resistenten Sorten gehts fast immer auch so.

Bei Himbeeren erlauben die verschiedenen Sorten eine gestaffelte Erntezeit, vom Sommer bis zum späten Herbst. Für den Sommer eignen sich u. a. 'Willamette' und 'Rubaca', für den Herbst die reichtragenden 'Autumn Bliss' und die gelbfrüchtige 'Golden Bliss'. Ein Vorteil der Herbsternte: kein Befall mehr durch die Maden des Himbeerkäfers. Auch Blaubeeren, Kiwis und Wein wachsen in Kübeln.

Reiche Himbeerernte aus Topfkultur. 'Autumn Bliss' trägt im Sommer und im Herbst.

Exotische Leckerbissen

Mit ihrem glänzend grünen Laub, den weißen duftenden Blüten und den lange Zeit zierenden Früchten sind Zitrusgewächse besonders attraktiv für die Kultur in Gefäßen. Zitronen gedeihen am leichtesten und sind deshalb die Favoriten. Doch auch Orangen (Citrus sinensis), Mandarinen (Citrus reticulata) und Grapefruits (Citrus x paradisi), Bitterorangen, Pomeranzen oder Chinottos (Citrus aurantium) sowie die pflaumengroßen goldgelben Kumquats (Fortunella margarita) sind einen Versuch wert. Freilich benötigt man zum Überwintern bei 5-12 °C einen kühlen Wintergarten, eine Veranda oder ein frostfreies Gewächshaus.

Maulbeeren *(Morus alba)* und Feigen *(Ficus carica)* zeigen sich weniger empfindlich, benötigen aber auch (vom Weinbauklima abgesehen) eine frostfreie Überwinterung. Perfektes Naschobst sind die Andenbeeren *(Physalis edulis)*, auch als Inkapflaumen, Kapstachelbeeren oder schlicht als Physalis bezeichnet, sowie die nahe verwandten, etwas kleineren Erdkirschen *(Physalis pruinosa)*.

Über viele Wochen hindurch bilden sich an reichbesetzten Trieben durch Selbstbestäubung immer wieder neue süßaromatische Früchte, die in lampionförmigen Hüllen stecken. In großer Zahl reifen sie und können bis Januar im Wintergarten fast täglich geerntet werden.

TIP

Zitronen kann man ohne Veredelung aus Stecklingen ziehen. Ausgewachsene Triebspitzen oder auch einzelne Blätter mit Blattknoten werden im Sommer in Hormonpuder getaucht und in einem Torf-Sand-Gemisch innerhalb von 8–10 Wochen bei ca. 16–18 °C zum Bewurzeln gebracht. Dann eintopfen in sandig-humose, kalkfreie Erde. Wie alle Zitruspflanzen immer nur mit kalkfreiem Wasser gießen und stauende Nässe unbedingt vermeiden – sie kann für die Pflanzen tödlich sein. Schon im ersten Jahr sind Früchte möglich. Die Samenanzucht führt dagegen nur selten zum Erfolg. Gekaufte Pflanzen sind auf die Dreiblättrige Wild- oder Bitterorange *(Poncirus trifoliatus)* veredelt.

Links unten: Blaubeeren sind ein tolles Naschobst. Im Winter brauchen die Töpfe Schutz.

Rechts unten: Orangen, Zitronen, Kumquats und Feigen verbringen den Sommer auf der Terrasse.

Zu den Nachtschattengewächsen zählt eine weitere Bewohnerin der Anden, die Baumtomate oder Tamarillo *(Cyphomandra betacea)*. Mit der Tomate hat sie nur die leuchtendrote Farbe und die Größe der eiförmigen Früchte gemein. Ihre Blüten erinnern an die zartvioletten der Aubergine und der Kartoffel. Sie duften angenehm. Ihr Geschmack ist obstartig süß, der Wuchs mehrjährig wie ein kleiner Baum mit ca. 2 Meter Höhe.

Aus Kolumbien stammt die **Birnenmelone** *(Solanum muricatum)*, die mit überhängendem Wuchs in größeren Töpfen oder Balkonkästen gedeiht. Die gänseeigroßen Früchte sind gelb-violett gestreift und sehr attraktiv. Ihr Fleisch schmeckt nach Melone und wird nach dem Abschälen roh gegessen.

TIP

Andenbeere, Erdkirsche und Tomatenbaum werden wie Tomaten kultiviert. Sie lassen sich schnell und leicht aus Samen (z. B. aus Früchten oder aus dem Samenhandel) ziehen. Die Aussaat erfolgt Ende Februar-März am Fensterbrett oder im Gewächshaus bei 22–25°C. Anschließend in Töpfe in nährstoffreiche lockere Erde verpflanzen. Nach den Frösten dürfen sie als Kübelpflanzen ins Freie. Andenbeeren und Erdkirschen erschöpfen sich in einem Jahr. Tomatenbäume werden dagegen frostfrei überwintert, auf 1/3 eingekürzt und bringen im nächsten Jahr viele duftende Blüten und Früchte.

Links: In milden Gegenden überstehen Feigen den Winter mit etwas Schutz im Freien.

Rechts: Birnenmelonen *(Solanum muricatum)* **sind** ein herrliches Naschobst, dekorativ und schmackhaft.

EIN GARTEN EDEN AUF BALKON UND TERRASSE

Köstliche Feingemüse und Kräuter aromafrisch – dank neuer Sorten werden Träume von Minigärten wahr, selbst für die wenigen Quadratmeter auf dem Balkon. Was darf's denn sein? Kirschtomaten, Zucchini, Gurken oder würziger Paprika? Das alles gibts auch für Kästen und Kübel mit Topfballen in Containern – man braucht sich nur im Gartencenter umzusehen.

Ein kleiner Garten Eden hoch oben – manch ungenutzte Terrasse oder Balkon bieten Gelegenheit dazu. Manchmal braucht man nur ein wenig Phantasie, und schon wird etwas Tolles daraus. Petunien, Oleander und Geranien nach Belieben, Obst und Früchte zum Naschen wachsen fast in den Mund. Wichtig ist ein Wasservorrat im Kasten, der Durststrecken überbrücken hilft. Achten Sie jedoch gleichzeitig auf gute Drainage, damit die Pflanzen nicht »ersaufen«.

Gut, wenn es einen Wasseranschluß gibt. Das macht das Gießen der Balkonkästen, Ampeln und Kübel bequem: Eine Balkonbewässerung (z. B. Systeme von Gardena, Blumat,

Gemüse, Blumen, Obst und Kräuter verwandeln den Balkon in ein traumhaftes Paradies.

37

Fast alle Gemüse und Kräuter kann man in größeren Gefäßen zur Erntereife bringen.

Beckmann) läßt das Wasser an allen Stellen geregelt tröpfeln – jede Pflanze nimmt sich nach Bedarf, und die Gießkanne tritt nur zum Düngen in Aktion. Den üppigen Hängepetunien wie auch roten, schmackhaften Tomaten gefällt das Schwelgen im Überfluß. Wind und Sonne verlangen bisweilen Vorkehrungen, die sich jedoch mit Stäben und Gittern, Markisen, Segeltuch und Sonnenschirmen meistern lassen. Die Kübel können kaum groß genug sein, denn in beengtem Wurzelraum erschöpfen sich die Pflanzen sehr rasch. Für die meisten Gemüse genügen 10-Liter-Eimer und bei Balkonkästen eine Tiefe und Breite von ca. 20 cm. In lockeren Gruppen rund um die Sitzmöbel angeordnet, bieten Obst und Gemüse ein gefälliges Aussehen.

Sind die Gefäße groß genug, lohnt sich eine Dauerbepflanzung mit winterharten Stauden und robusten Gehölzen wie Rhododendron (schön, aber durch Austrocknen gefährdet, daher nur an geschützten Stellen), Bambus, Felsenmispel (*Cotoneaster*), Efeu und Ziergräsern. Dazwischen ist Platz für mehrfachtragende Erdbeeren, Himbeeren, Heidelbeeren (z. B. mit der niedrigen Sorte 'Top Hat'), Monatserdbeeren, Hochstämmchen von Johannis- und Stachelbeeren, Paprika, Buschtomaten und buschig wachsende Ampel-Feuerbohnen (Sorte 'Hestia').

Jahreszeitliche Höhepunkte bringen Geranien, Fuchsien, Studentenblumen oder Kapmargeriten. Sobald sie unansehnlich geworden sind, werden die kurzlebigen Pflanzen ausgetauscht, im Herbst ersetzt durch Chrysanthemen, Zierkohl oder Eriken. Wer will, kann schöne und duftende Kräuter dazupflanzen: grünes oder rotes Basilikum, filigranes Currykraut (*Helichrysum italicum* 'Silbernadel'), Ziersalbei in silbergrauen, grünweißen oder grauvioletten Sorten, silbriggraues Heiligenkraut *(Santolina)*, goldgelbe Zitronenmelisse *(Melissa officinalis* 'Goldener Fleck') und die gelbgrüne Oregano-Sorte *(Origanum vulgare)* 'Thumbles Variety'. Obwohl der Minigarten so immer neue Höhepunkte bietet, halten sich die Kosten in Grenzen. Achten Sie auf selbstbefruchtende Sorten und Resistenzen, dann sind Pflanzenkrankheiten kein Problem. Die Tabelle auf Seite 122f. gibt Auskunft.

Nährstoffe sind wichtig, deshalb erhält die Balkonerde eine Extraration Hornspäne oder Langzeitdünger. Sie geben den Stickstoff nur langsam frei.

Leckeres Gemüse für jede Lage

Ob Brunnenkresse, Gartenkresse, Schnittsalat, Löffelkraut, Winterportulak, Feldsalat, Salatrauke oder dekorativer Mangold – alle gedeihen selbst in absonniger nördlicher Lage. Genügend indirektes Licht sollte allerdings zur Verfügung stehen. Zucchini, Oregano und Rosmarin brauchen dagegen volle Sonne. Für jede Garten- und Balkonsituation findet sich die geeignete Pflanzenauswahl (siehe Tabelle Seite 122f.).

Schmackhafte Tomaten

Süß und fruchtig sollen sie schmecken, dafür sind Kirschtomaten (Cherry- oder Cocktailtomaten) bekannt. Ein besseres Balkon-

Blumen und Gemüse ergänzen sich häufig. Im Balkonkasten ist beides attraktiv.

gemüse läßt sich kaum denken, denn an langen Trauben reifen hunderte von zwar kleinen, dafür aber höchst aromatischen Früchten heran. Generell lohnt es sich, auf die Sorte zu achten, denn die Unterschiede können gewaltig sein. 'Sweet 100', 'Gartenfreude' und 'Sweet Million' heißen meine Favoriten. Neuerdings werden etwas größere Früchte bevorzugt – ein Übergang zu den großen, runden Tomaten. Sie sollen Wohlgeschmack mit Würze und knackigem

Die Vielfalt unter den Farben, Formen und Aromen der Tomaten verlockt zum Probieren.

den Stabtomaten gibt es mehrere Favoriten wie 'Sparta', 'Gourmet' und – wegen der besonders guten Platzfestigkeit – die Sorte 'Vanessa'. Ein wenig exotisch sehen die gestreifte 'Tigerella' aus und 'Green Zebra', beide schmecken besonders fruchtig.

Tomaten gibt es in großer Vielfalt: rot, gelb, weiß, gestreift; rund, birnen- und pflaumenförmig, flachrund, gerippt und in allen Größen. Neben den Stabtomaten, die Halt an Stäben oder Schnüren brauchen, sind die niedrigen Buschtomaten für Gefäße besonders interessant. Bei ihnen entfällt das sonst übliche Entfernen der Seitentriebe.

Tomaten können von allem nicht genug bekommen: Wasser, Sonne, Wärme und Nährstoffe. In der Wachstumszeit wöchentlich flüssig düngen, das läßt bis Oktober laufend »Liebesäpfel« reifen.

Biß vereinen. Ein sehr gutes Urteil haben Tests der Profi-Sorte 'Aranca' gegeben, 'Picolino' ist eine gute Alternative, die man selbst aus Samen ziehen kann. Unter den run-

Tomaten vertreiben die Fliegen rund ums Haus. Buschige Sorten sind besonders pflegeleicht.

TIP

Tomaten sind Selbstbestäuber, schon eine Pflanze bringt Früchte. Während der Mittagszeit die Pflanzen leicht schütteln. Das bringt den Pollen auf die Narbe und verbessert damit den Fruchtansatz.

Tomaten kann man am Fensterbrett ab Ende Februar bis März selber anziehen. Gute Pflanzen hat auch der Gärtner ab Mitte Mai vorrätig. Verwenden Sie große Töpfe (10–15 Liter Inhalt) mit gut gedüngter, nährstoffreicher Erde.

Paprika,
mal mild, mal scharf

Wenn sich die Schoten von grün nach rot färben, ändert sich auch der Geschmack des Paprikas. Was vorher nichtssagend war, bekommt plötzlich ein delikates Aroma, so edel wie das von feinem Tafelobst. Jede reife Paprika wird irgendeinmal rot, dazwischen liegen lange Perioden mit gelber oder schwarzer oder violetter Farbe. Schon vorher sieht die buschig verzweigte Pflanze mit ihren weißen Blüten attraktiv aus. Bleiben die Früchte hängen, gewinnt der Anblick noch einiges dazu. Der Geschmack, mal mild, mal feurig scharf, ist von außen nicht zu erkennen. Reinbeißen – und man weiß Bescheid. Die besonders pikant schmeckenden Sorten wie 'de Cayenne' oder

'Westlandia' sind meist schmal oder kegelförmig, rund und klein, hornartig geformt oder kegelförmig, meist leuchtend rot. Für beide gibt es Liebhaber.

Paprika gedeiht hervorragend in größeren Töpfen oder Balkonkästen in nährstoffreicher, lockerer und humusreicher Erde. Man kann die Pflanzen ähnlich wie Tomaten selber anziehen oder Mitte Mai beim Gärtner kaufen. Geben Sie den Pflanzen bald einen Stab als Stütze, gießen und düngen Sie reichlich. Ein sonniger, geschützter Platz ist ideal.

Die gelben Früchte der Paprikasorte 'Midal' zieren lange Zeit – ein dekoratives Gemüse.

TIP

Wenn man die erste Frucht beizeiten ausbricht, folgen sofort eine ganze Reihe nach. Der etwas spätere Erntebeginn wird durch reicheren Ertrag belohnt.

Gurkenernte,
sogar im Zimmer

Gurken sind erfrischend, vor allem bei heißer Witterung und reich an Ballaststoffen, aber arm an Kalorien. Das Fitness-Gemüse gedeiht bestens an geschützter Stelle und trägt reiche Ernte. Weil sie ranken, brauchen Gurken wenig Platz – sie klettern gerne an Gittern oder Stäben. 10–15 Früchte darf man bei modernen F_1-Hybriden erwarten, die auch die Gärtner für sich verwenden. In der Regel sind sie kernlos, bitterfrei und entwickeln aus jeder Blüte eine Frucht.

Gurkenernte im Zimmer mit selbstfruchtenden Sorten. Nährstoffreiche Erde ist wichtig.

Radieschen-Kultur im Blumentopf oder in der Topfplatte. Interessant für den Winter.

Radieschen und Rettiche

Die würzigen roten Knollen gedeihen gut im Balkonkasten oder als Unterpflanzung bei Tomaten und Gurken, solange es deren Blätter noch erlauben. Sogar in Topfplatten und im Blumentopf klappt die Kultur. Von der Aussaat bis zur Ernte rechnet man im Frühjahr und Herbst 6 Wochen, im Sommer nur 4–5 Wochen. Beide, die großblättrigen Rettiche und die kleineren Radieschen, brauchen viel Licht und Platz. Rechtzeitiges Verziehen auf 4–8 cm bei Radies und 20 cm bei Rettich nach dem Aufgang lohnt sich. Nicht austrocknen lassen!

Besonders reich tragen Minigurken, die man vom Wochenmarkt her wegens ihres guten Geschmacks schon kennt. Nur halb so lang wie Schlangengurken, dafür aber doppelt so produktiv, sind sie für kleine Gärten, kleine Familien und Balkone ideal. Die Aussaat erfolgt am Fensterbrett nicht früher als Anfang April, dabei direkt in Töpfe mit nährstoffreicher, lockerer Humuserde. Nach den Frösten wird gepflanzt in Gefäße von 10 Liter Inhalt und mehr. Sorgen Sie für Halt und vergessen Sie das Düngen und Wässern nicht. Wenn im Sommer angesetzte Früchte braun werden und abfallen, brauchen die Pflanzen von allem viel mehr.

Salate, leicht und lecker

Pflücksalate lohnen sich in Gefäßen mehr als Kopfsalate oder Eissalat. Der Grund: sie bilden keinen geschlossenen Kopf, den man einmal aberntet, dafür aber viele knackige und zarte Blätter, die von unten her gepflückt werden. Das Herz bleibt stehen und erweist sich über 3–4 Monate als sehr produktiv. Zu den Pflück- oder Blattsalaten zählen auch der gelbe oder rote **Eichblattsalat, Petticoatsalat** ('Lollo Rossa' und 'Lollo Bionda'), **Kraus- oder Krulsalat** und der »**Eisfrisee**« 'Frillice', eine Kreuzung mit dem knackig-milden Eissalat. Falls es beim Gärtner keine Pflanzen dieser Sorten gibt, können Sie auch leicht aussäen, sehr dünn verteilt in Rillen von ca. 2 cm Tiefe. Nach dem Aufgang wird auf den endgültigen Abstand von 20–25 cm 25 verzogen.

Moderne Gurkensorten sind jungfernfrüchtig (parthenocarp) und setzen ohne jede Befruchtung an. Das erlaubt sogar die Kultur am hellen Fensterbrett oder im Büro. Geben Sie der Pflanze einen Stab oder Rankgitter. 6-8 Früchte können Sie von diesem Spaß erwarten.

Links: Pflücksalat bringt mehr und länger Ertrag als Kopfsalat. Geerntet wird Blatt für Blatt.

Rechts: Gelbe oder grüne Zucchini brauchen viel Platz, doch es gibt neuerdings auch kletternde Sorten.

Für erste Ernten im Frühjahr und letzte im Herbst lohnt sich der schnellwüchsige und besonders zarte **Schnittsalat**, der nach der Einmalernte immer wieder neu in Sätzen dünn verteilt in Rillen gesät wird. Schon nach 4–6 Wochen ist der Platz wieder frei.

Besonderheiten, die den Anbau lohnen: Viel knapper als anderswo ist der Platz auf Balkon und Terrasse. Deshalb lohnen Weiß- und Rotkohl nicht – es sei denn aus optischen Gründen. Viel Ertrag und das laufend bringen **Stielmangold** (Blätter von außen her abziehen), **Neuseeländer Spinat** (Blätter laufend pflücken), **Auberginen** (besonders wärmebedürftig, aber schön) und **Stangen- oder Feuerbohnen. Zuckermais** bietet Kletterpflanzen natürlichen Halt und liefert im Herbst noch zuckersüße Kolben. **Zucchini** sind stattliche Erscheinungen und sehr ertragreich. Besonders lohnend sind die »**Kletterzucchini**« 'Black Forest F_1', die unermüdlich sehr viele Früchte (20–25 pro Pflanze) von der gefragten kleineren Qualität hervorbringen. Eher dekorativ als ertragreich ist **Erdbeerspinat**, der zunächst als Blattgemüse wie Spinat geerntet werden kann.

Kommen die Pflanzen in Blüte, bilden sich leuchtend-rote Scheinbeeren, die wie Monatserdbeeren aussehen, aber wesentlich weniger aromatisch schmecken. Erdbeerspinat brilliert in schönen Gefäßen und belebt die Gemüsepflanzung durch sein Aussehen. Das grüne Paradies wird vollkommen durch würzige Petersilie als Beipflanzung und viele andere Kräuter.

Erdbeerspinat ist ein altes Gemüse mit leuchtendroten Früchten – sehr dekorativ.

Für Balkon- und Terrassengärtner gibt es auch **Saatbänder**, die aus den dünnen Papierstreifen viele raschwachsende Sommerblumen hervorsprießen lassen: Phlox, Duftsteinrich oder eine bunte Mischung. Sogar Pflücksalat, Radieschen, Minikarotten und Kräuter erhält man in geeigneten Sorten. Auch adrette Bauerngarten-Muster, Bögen und Kurven lassen sich mit Saatbändern leicht gestalten. Einfach in passender Länge auslegen, angießen und mit lockerer Erde bedecken!

BUNTE KRÄUTERGÄRTEN AM HAUS

Was wäre ein Garten ohne Kräuterbeet? Kräuter sind »in«. Neben den Würzkräutern für die Küche finden auch die Heilkräuter wohlwollende Anerkennung. Ringelblumensalbe und Baldriantinktur, Fencheltee und Kamillewickel haben ihre alte Wertschätzung wiedergewonnen. Ganz generell läßt sich jedoch keine scharfe Trennung zwischen Heil- und Küchenkräutern durchführen. Fast alle Aromakräuter wirken magenstärkend oder appetitanregend und haben damit eine milde medizinische Wirkung.

Ein wichtiger Aspekt darf nicht vergessen werden: Kräuter sind einfach schön! Ihre Blattstrukturen und dezenten Farben harmonieren mit Natursteinen, Holz, Terrakotta und Metall auf überraschend angenehme Weise. Hinzu kommen die vielen Variationen von Weißgrün bis Silbriggrau und dezentem Violett, wie bei Salbei, Minze, Basilikum, Thymian und vielen weiteren Kräutern. Sie passen hervorragend in den Ziergarten, zu Rosen, Stauden und Sommerblumen, in den Vorgarten und an den Gartenteich. Schnittlauch zum Beispiel ist ein ausdrucksvoller Frühjahrsblüher mit rosa Blütenköpfchen. In Gruppen gepflanzt, verträgt er sich Ton-in-Ton ausgezeichnet mit Diptam, Nelken, Storchenschnabel und rosa Petunien. Wer ein Carport mit

Ein Topfkräutergarten auf der Terrasse. Die meisten Kräuter duften und zieren zugleich.

Besser als in einzelnen Töpfen wachsen die wichtigsten Küchenkräuter in einer größeren Schale.

einer Dachbegrünung verschönern möchte, kommt an dem unverwüstlichen Schnittlauch nicht vorbei. Zahlreiche Kulturformen mit zierendem Charakter sind aus den Minzen, Melissen, Salbei- und *Allium*-Arten entstanden. Man kann da leicht zum Sammler, Entdecker, Gourmet, Ästheten, Künstler und Individualisten werden. Allein vom Basilikum gibt es etwa 20 verschiedene Formen, einschließlich Heiligem Basilikum mit läusetötender Wirkung, großem und kleinem, extra feinem und salatähnlichem Blatt, in Grün oder Rot, mit Zitronen-, Kampfer-, Anis- und vielen weiteren Geschmacksrichtungen. Und dann erst die Aromen und Düfte!

»Kräuter immer griffbereit, möglichst gleich um die Ecke« ist oft die Motivation für ein zunächst bescheidenes **Kräuterbeet**. Und so entsteht – einfach, aber praktisch –

eine kleine, aber doch ausreichende Ecke gleich neben der Küche mit den wichtigsten Küchenkräutern: Schnittlauch und Zitronenmelisse für die Salate, Oregano für die Pizza, Estragon für den Fisch, Liebstöckel (Maggikraut) für die Eintöpfe und Thymian für den Braten. Neben diesen »Mehrjährigen« kommt man nicht ohne eine Ergänzung durch »Ein- und Zweijährige« aus. Sie gehören in eine Ecke, die man immer wieder graben und neu besäen kann.

Kräuterpraxis

Kräuter sät man im Frühling in Reihen oder in flache Rillen als Einfassung um ein Gemüse- oder Blumenbeet herum. Auch in Töpfen, Schalen oder Terrakotta-Gefäßen sehen sie attraktiv aus. Ganz zu schweigen vom Duft, den viele Kräuter überreichlich verströmen.

Im Duftkräuterkörbchen
wachsen Thymian und
Salbei. Das weiße Mutter-
kraut steuert Blüten bei.

Nicht alle passen in den privaten Kräutergarten, der am besten dicht bei der Küche angelegt wird, damit die Hausfrau auf viele Ideen kommt.

Der Küchenkrautbedarf ist selten groß, meist genügen eine oder zwei Pflanzen für den täglichen Bedarf. Die wichtigsten Arten kann man fertig im Supermarkt kaufen. Für Spezielleres macht das Stöbern im Gartencenter, beim Staudengärtner, auf Ausstellungen oder in Kräutergärtnereien Spaß. Gefäße, Körbe oder zum Ideen zum Pflanzen finden sich dort zuhauf.

Die wichtigsten mehrjährigen Kräuter für den Gebrauch in der Küche sind: Bergbohnenkraut *(Satureja montana)*, Estragon (am besten schmeckt der Französische), Würzfenchel, Liebstöckel bzw. Maggikraut, Oregano (Dost), Pfefferminze, Pimpinelle, Rosmarin, Salbei, Sauerampfer, Schnittlauch, Schnittknoblauch, Thymian, Weinraute, Wermut, Ysop, Zitronenmelisse und Winterheckezwiebel.

Zu den **wichtigsten einjährigen Kräutern** gehören Basilikum, Bohnenkraut, Borretsch, Dill, Kerbel, Kresse, Löffelkraut, Majoran und Salatrauke (Rucola).

Kräuter für Tees und Salben. Wer sich für heilende Tees interessiert oder selbst gerne aus Wurzeln, Stielen und Blättern einen Kräuterschnaps braut, sollte Anis, Fenchel, Baldrian, Engelwurz *(Angelica)*, Goldmelisse *(Monarda)*, Kamille, Kümmel, Lavendel, Lein, Mariendistel, Salbei und Beinwell (Comfrey) pflanzen. Außerdem empfehlen sich die allseits bekannten Ringelblumen *(Calendula)*, aus deren Blättern und Blüten man eine Salbe herstellen kann, die sich bei Krampfadern und Beinleiden sehr bewährt hat.

Einige Besonderheiten, die sich in jedem Fall lohnen:

● **Mutterkrautblätter** *(Tanacetum parthenium* syn. *Chrysanthemum parthenium)* schmecken zwar etwas bitter, wirken aber nach englischen Untersuchungen hervorragend gegen Migräne und Arthritis.

● Mit ihren weißgeäderten, glänzenden Blättern sieht die **Mariendistel** *(Silybum marianum)* sehr exotisch aus. Im Sommer erscheinen dann karminrosa Blüten, die wie viele der blühenden Kräuter Schmetterlinge und Insekten magisch anziehen. Von besonderer Wirksamkeit sind jedoch die Samen, die als Tee genossen, Leberschäden kurieren (auch alkoholbedingte) und in bestimmter Dosierung selbst Pilzvergiftungen entgegensteuern können.

● Die positiven Wirkungen des **Knoblauchs** sind hinreichend bekannt. Weniger geschätzt wird sein Geruch. **Schnittknoblauch** *(Allium tuberosum)*, auch Chinalauch, Knoblauch-Schnittlauch oder kurz Knobi genannt, bietet eine höchst willkommene Alternative. Im Spätsommer trägt er viele weiße Blüten auf straffen Stielen. Wie Schnittlauch läßt er sich aus Samen vermehren, aber auch teilen und wie dieser ist er mehrjährig.

Man kann ihn im Winter im Topf am Fensterbrett halten oder ihn den ganzen Sommer über aus dem Freien ernten. Die Kultur ist unkompliziert, wie beim Schnittlauch. Sein Geschmack entspricht dem von Knoblauch, auch viele Inhaltsstoffe sind sehr ähnlich.

Da der Schnittknoblauch Chlorophyll enthält, verfliegt der geringe Knoblauchgeruch sehr schnell, so daß der Konsument sich getrost unter Menschen wagen kann.

● Eine weitere Alternative zum Knoblauch ist der bei Gastronomen im Frühling sehr geschätzte **Bärlauch** *(Allium ursinum)*, auch Wald-Knoblauch genannt. Er gedeiht an feuchten Stellen im Garten, auch unter Gebüsch. Im April-

Knoblauch ist nicht nur würzig, sondern auch als Pflanze dekorativ. Hier dominiert er in einem Reihenhausgarten.

Mai erscheint sein saftig grünes Laub und bald darauf sind die Pflanzen mit reinweißen Blüten übersät. Bald danach zieht sich die Pflanze in ihre (eßbaren) Zwiebeln zurück.

Minze, Salbei und Thymian sind wie Basilikum attraktive Ampelpflanzen.

Wohin mit den Kräutern?

Bei so viel Auswahl fällt die Unterbringung im Garten oder auf dem Balkon schwer.

Die strenge Ordnung alter Kräutergärten im Kloster läßt sich heute nur schwer nachvollziehen, allenfalls in Bauerngärten, wo sich innerhalb der Umrandung mit Buchs eine bunte Vielfalt entwickeln darf. Wer Spaß an kleinen und formalen Gärten hat, kann manche Kräuter selbst als Umrandung benutzen: Zwergbasilikum, Kresse, Majoran, Rotes Basilikum und Heiligenkraut *(Santolina chamaecyparissus)* machen sich recht gut und bleiben niedrig.

Ein Kräuterbeet am Haus, von Steinen oder imprägnierten Holzbohlen eingegrenzt, mit Trittsteinen dazwischen zum leichteren Bearbeiten und Ernten erfordert wenig Platz und kann fast immer dem Gartenstil problemlos angepaßt werden. Im Gemüsegarten oder auf der Rabatte ist auf nicht zu stark gedüngten Boden, volle Sonne den ganzen Tag über und ausreichenden Pflanzenabstand zu achten, denn die meisten Kräuter neigen als wüchsige, unverdorbene Wildpflanzen zum Wuchern, wenn sie die Chance dazu erhalten. Vor allem bei Pfefferminze ist Vorsicht geboten. Man pflanzt sie am besten in einen durchlöcherten Eimer, um ihre Ausbreitung zu begrenzen. Gute Pflanzzeiten sind die Monate März bis Mitte Mai und der Herbst, vor allem zwischen Oktober und November. Mitten in der Vegetationsperiode lassen sich Kräuter schlecht teilen. Das heißt jedoch nicht, daß man im Sommer und zur Urlaubszeit keine Ideen umsetzen kann. Von Kräutern braucht man meist nicht viel – eine Pflanze oder zwei genügen für den Bedarf einer Familie, es sei denn, für Tees oder spezielle Zwecke würde speziell kultiviert. Dafür lohnt es sich, mit einer Vielzahl an verschiedenen Arten für Abwechslung zu sorgen.

Schöne, praktische Kräuterbeete

Ein Hauptproblem der Kräuterfans ist es daher, die Vielzahl der Möglichkeiten raumsparend unterzubringen. Ein Kräuterbeet herkömmlicher Art in Rechteckform und nicht allzu tief, etwa 1 m x 2 m, ist nur beschränkt tauglich. Ein bequemer Zugang zum Ernten der Blattspitzen für den täglichen Bedarf ist ebenfalls wichtig. Möglichst gepflastert sollte der Zugang sein. Jedes Kraut braucht seinen speziellen Platz, abgegrenzt vom Nachbarn. Zudem sollen seine Schönheit, sein meist kunstvolles Blattwerk und Gestalt gebührend zur Geltung kommen.

Außerdem können die Ansprüche an den Boden sehr unterschiedlich sein. Wenn sich auch die Kräuter meistens als anpassungsfähig erweisen, so daß völlige Ausfälle selten vorkommen, werden doch Inhaltsstoffe, Geschmack, Wuchscharakter, Blattfärbung und die Überwinterung sehr wohl vom Boden beeinflußt. Die meisten Kräuter stammen von mageren, durch-

lässigen Böden. Sie sind daher Lebenskünstler und nicht an Düngung gewöhnt. Mit mit einer jährlichen Reifekompostgabe von 3–5 mm Dicke kommen sie gut zurecht. Ausnahmen sind die Pflanzen, die aus feuchten, sumpfigen Arealen stammen wie Bärlauch, Baldrian, Beinwell, Engelwurz, Pfefferminze, Meerrettich, Sauerampfer, Schnittsellerie und Brunnenkresse. Aber auch sie benötigen keine üppige Düngung – darunter leidet nur das Aroma.

Unterschiedlich sind auch die Ansprüche ans Licht. Wiederum sind die meisten Kräuter Sonnenkinder, nur Waldmeister, Bärlauch, Löffelkraut und Winterportulak lieben eher den Schatten.

Kräuter sind schöne Stauden

Viele Kräuter lassen sich so gut in Staudenrabatten, Steingärten und Rabatten integrieren, daß sie stets ein Gewinn sind und die Nutzpflanze kaum mehr auffällt. Man kann sie also je nach Anspruch an Licht, Schatten und Höhe oder Flächenbedarf einsetzen, sogar in Naturgärten und in der Blumenwiese.

● **Lavendel**, dessen duftende Blüten Motten vertreiben und in Schlafkissen zu wohligen Träumen verhelfen, passt gut zu Rosen.

●Auch **Wermut** (Edelraute), lockert mit seinem silbriggrauem Laub Rosen und Staudenpflanzungen in kräftigen Farben auf.

● Die **Engelwurz** (*Angelica*) ist mit ihren Blütenbällen eine imposante,

bis 150 cm hohe Erscheinung in schattigen Staudenpflanzungen.
● **Bergbohnenkraut** und **Thymian** passen bestens in jeden Steingarten, ebenfalls der **Salbei**.
● Feldthymian (Quendel) bedeckt Steine und Wegränder.
● Die blaugrau beblätterte **Weinraute** zaubert eine sonnige Stimmung an Rabatten und in Steingärten.
● Der **Eibisch** wiederum wird 150 cm hoch und eignet sich mit seinen rosa Blüten als Hintergrundstaude und für Mauern.

Der Zahnlavendel (*Lavandula* x *dentata* 'Candicans') ist eine aparte Erscheinung.

Kräuter für Balkon und Terrasse

In großen Tontöpfen, in Terrakottagefäßen, in Balkonkästen und Schalen oder im Kräuterturm entsteht im Handumdrehen aus gekauften oder selbst ausgesäten Kräutern ein Duft- und ein Aromaparadies. Wenig Dünger, aber doch eine regelmäßige Pflege, das heißt, nicht vertrocknen lassen – mehr fordern die genügsamen Kräuter nicht. Rosmarin gehört in Kübel oder Töpfe, die man im Winter an einer frostsicheren, hellen Stelle unterbringen kann. Nur im Weinbauklima übersteht er unsere Winter. Alle anderen mehrjährigen Kräuter sind dagegen winterhart. Wegen ihres gefälligen Aussehens kann man die Kräuter auch gut mit Balkonpflanzen kombinieren oder sie als Unterpflanzung für die beliebten Stämmchen von Margeriten, Fuchsien oder Hibiskus verwenden.

Gestaltungsideen mit Kräutern

● Eine größere Kiste bietet Platz für ein kleines Sortiment von 6–8 **Küchenkräutern**. In aktuellen Farben (z. B. Royalblau, Englischgrün oder Sonnenblumengelb) gestrichen, wird das Minigärtchen zum optischen Ereignis.
● **Hanging Baskets** (Blumenampeln) mit Petersilie, Minze, Currykraut (*Helichrysum italicum* 'Silbernadel') oder Zitronenmelisse und Ziersalbei bestückt, entwickeln sich in luftiger Höhe.

①

②

③

④

⑤

⑥

❶ Zum Bepflanzen braucht man einen geräumigen Korb, Blumenerde und Pflanzen mit Ballen.

❷ Der Korb soll mit Folie ausgeschlagen sein. Löcher darin sind wichtig zum Wasserabzug.

❸ Die Ballen werden gelockert oder aufgerissen, das regt neues Wurzelwachstum an.

❹ Minze, Oregano, Thymian, Römische Kamille, Ysop und Melisse passen gut in einen Korb.

❺ Gründliches Angießen ist wichtig. Die Wurzeln erhalten so Kontakt mit der Erde.

❻ Fertig eingewachsen, wirkt der Korb üppig und dekorativ.

● **Geflochtene Körbe** passen gut zu Kräutern. Damit keine Erde hindurchrieselt, werden sie mit Folie ausgelegt. Im Korb finden zum Beispiel Oregano, Minze, Zitronenmelisse, Lavendel und Ysop Platz. Thymian und Römische Kamille ergänzen das duftende Potpourri.
● **Balkonkästen** aus Keramik oder formschöner Terrakotta harmonieren mit dekorativen Minzesorten wie 'Variegata', 'Limona' und 'Orangina', gelbgrünem Ziersalbei 'Icterina' und Zitronenthymian 'Silver King' und 'Silver Queen'.

● **Brunnenkresse** *(Nashurtium)* wächst auch im flachen Wasser des Gartenteichsund im Blumentopf. Stellen Sie diesen in einen Untersetzer, der ständig gegossen wird.
● **Petersilie** bildet, flächig gepflanzt, einen dunkelgrünen Teppich, der mit farbkräftigen Sommerblumen wie zum Beispiel roten Geranien kontrastiert.
● **Busch-Basilikum** (Sorte 'Balkonstar') eignet sich, in Reihen gesät, perfekt für Beetumrandungen. Niedrige Buchshecken sehen ähnlich aus.

TIP

Für Balkone und Terrassen mit wenig Sonne: Probieren Sie einmal die Brunnenkresse! Diese heimische Wasserpflanze gedeiht bestens in Balkonkästen oder Gefäßen ohne Abzug, so daß man die Erde immer leicht mit Wasser bedeckt halten kann. Im Frühjahr wird etwas Samen auf die Erde verteilt, leicht bedeckt und bis zum Aufgehen immer feucht gehalten. Später dürfen die Pflanzen nie austrocknen, können aber schon bald und reichlich immer wieder beerntet werden. Brunnenkresse ist stark Vitamin C-haltig und schmeckt wie Kresse als Salat oder auf dem Butterbrot.

Auch mit Heiligenkraut, Lavendel, Weinraute und Petersilie lassen sich Beetränder gestalten.

• **Kapuzinerkresse** wird eher als hübsche, duftende Blume angesehen. Tatsächlich ist die ganze Pflanze eßbar, die würzigen Blätter, Knospen und unreife Samen als Kapernersatz, die Blüten für Salat (siehe auch Seite 65). Sie wehrt Blutläuse von Obstbäumen ab und lenkt Kohlweißlinge von Kohlpflanzen in die Irre. Besonders gefällig wirken Blüten und Ranken in der Nähe von Treppen und Bänken sowie in Gefäßen und Balkonkästen. Kapuzinerkresse überwuchert kleinere Partner, deshalb hohe Pflanzen als Begleiter wählen, z.B. immergrünen Säulenwacholder, Scheinzypressen oder Staudenfenchel (*Foeniculum vulgare*).

• Die **Süßdolde** (*Myrrhis odorata*) ist mit 120 cm Höhe, den farnartigen, weichen Blättern und weißen duftigen Blüten eine elegante Erscheinung, die in die Umgebung des Wassergartens genauso paßt wie in den Kräutergarten. Die kräf-

Brunnenkresse wächst leicht in Balkonkästen. Halbschatten oder Schatten sind ideal.

tig wachsende Staude ist ein altes, sehr delikates Gemüse. Probieren Sie die Blätter im Salat oder – noch besser – die noch zarten Samen gleich nach dem Abfallen der Blütenblätter. Sie schmecken angenehm süß und fein, ähnlich wie Fenchel.

● Die **Engelwurz** *(Angelica archangelica)* ist mit ihrem beeindruckenden Wuchs von bis zu 2 m Höhe eine auffällige Solitärpflanze. Obwohl nur grün, fallen die kugeligen Blütenstände trotzdem auf. Sie werden von Insekten stark beflogen und sind daher wertvoll für jeden Naturgarten. Blätter und junge Stengel sind als Gemüse eßbar. Sie schmecken ähnlich Sellerie.

● **Liebstöckel** oder **Maggikraut** *(Levisticum officinale)* erreicht ebenfalls 2 m Höhe und paßt im Ziergarten in Einzelstellung oder in den Hintergrund von Staudenbeeten.

● **Oregano** oder **Dost** *(Origanum vulgare)* würzt italienische Gerichte, besonders Pizzas. Gleichzeitig sind die vielen rosa Blüten eine besondere Attraktion für seltene Schmetterlinge, Bienen und Hummeln. Augenfällig ist die Sorte 'Thumbles Variety' mit gelbgrünen Blättern, die ebenfalls reichlich blüht. Sie paßt gut in Gefäße, Ampeln, Körbe und in halbschattige Beete. Im Schatten färben sich die Blätter grün.

● Auch **Ysop** *(Hyssopus officinalis)* wird als eifriger Spätsommerblüher von Insekten umschwärmt. Es gibt blaue, weiße und rosa Sorten, die in Schalen, Kräuterbeete, Körbe und auf Trockenmauern farbige Akzente setzen.

● Sehr attraktiv ist die **Mexikanische Minze** *(Agastache foeniculum)*, die bei Aussaat im März schon ab Juli stattliche Horste im Freien bildet und bei nicht allzu viel Kälte mit etwas Schutz im Freien als Staude überwintert. Mit ca. 120 cm Höhe und violettblauen, sehr haltbaren Blütenkerzen auf straffen Stielen gedeiht sie in sonnigen Beeten und als dominierender Partner in größeren Gefäßen. Die Blätter werden als Tee genutzt.

Die Engelwurz ist eine imposante Staude. Vor dunklem Hintergrund kommt sie optimal zur Geltung.

• Silbrig gefiedertes, zierendes Laub besitzen **Wermut**-Arten *(Artemisia)* wie die teppichartig wachsende Edelraute *(Artemisia schmidtiana* 'Nana'), die hohe Silberedelraute *(Artemisia ludoviciana)*, ein hervorragender Partner zu roten und rosa Rosen, die Edel-Eberraute *(Artemisia pedemontana)*, hervorragend zum Schnitt und die nahe verwandten Echte Eberraute *(Artemisia abrotanum)* mit den Sorten 'Powis Castle' (fiedriges Blatt), 'Var. Camphorata' (kampferartig schmeckend) und 'Var. citrata' mit leckerem Zitronengeschmack.

• Das silbrige **Heiligenkraut** *(Santolina chamaecyparyssus)* verströmt mit herbem Duft Mittelmeeratmosphäre. Pflanzen Sie davon 1–3 Stauden in Körbe, Ampeln, Balkonkästen oder Schalen. Im Steingarten lohnen sich kleine Gruppen, auch als Hecke hat sich Heiligenkraut (etwas Winterschutz geben) bewährt. Die grünblättrige Verwandte *Santolina rosmarinifolia* blüht, wie die erstgenannte, intensiv gelb und in exzessiven Blütenwolken.

• Nicht vergessen darf man das silbrige **Currykraut** *(Helichrysum italicum* 'Silbernadel') und die graublättrige **Weinraute** *(Ruta graveolens* 'Jackmans Blue'). Beide sind robuste, pflegeleichte Stauden, die mit wenig Wasser auskommen und durch ihre filigranen Blattstrukturen aus jeder sonnigen Gartenpartie etwas Ausgefallenes machen.

• Auch die bekannte **Ringelblume** *(Calendula officinalis)* ist eine reichblühende Heilpflanze, die jede Kräuterpflanzung belebt und sich danach durch Selbstaussaat im Garten wie selbstverständlich verbreitet.

• Gelbgrüner Kronen-**Dill** *(Anethum gaveolens)* und weißes **Mutterkraut** *(Tanacetum parthenium,* syn. *Chrysanthemum parthenium)* sind bei Floristen »in«. Die duftenden Kräuter werden zweckentfremdet für exklusive Gestecke in Verbindung mit Blumen genutzt. Aber schon Großmutter ging im Kräuterbeet umher und nahm vom frischgrünen »Zitronenkraut«, heute besser bekannt als Eberraute *(Artemisia abotanum)*, und vom silbrig-weißen Wermut Triebe, um damit farbenprächtige Sommersträuße aus Dahlien (Georginen), Phlox und Löwenmäulchen aufzulockern.

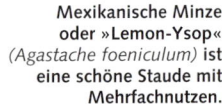

Mexikanische Minze oder »Lemon-Ysop« *(Agastache foeniculum)* ist eine schöne Staude mit Mehrfachnutzen.

DIE KRÄUTERSCHNECKE – VIELE KRÄUTER AUF WENIG PLATZ

Kräuter kann man nie genug haben. Wer ein gutes Gartencenter besucht oder in einer speziellen Kräutergärtnerei auf Entdeckungsreise geht, wird ob der immer größeren Vielfalt ins Schwärmen kommen.

Das alles reizt natürlich zum Sammeln. Wetten, daß in der Hitze des Entdeckens und in der Vorfreude auf all die möglichen Genüsse dann manche Pflanze gekauft wird, für die es auf herkömmlichen Gemüse- und Kräuterbeeten einfach keinen Platz mehr gibt? Machen Sie es wie viele begeisterte Kräuterfans, gehen Sie in die Höhe und legen sie eine **Kräuterspirale** an (manche nennen dieses schöne und effektive Kräuterbeet auch Kräuterschnecke)! Vater, Mutter, Kinder und sogar der Hund lassen sich von diesem aromatisch duftenden Minigarten faszinieren. Am meisten profitiert natürlich die Hausfrau, denn ihre Würzkräuter wachsen gleich neben der Küche, bei uns keine fünf Schritte vom Herd entfernt.

Ganz gleich, ob Sie ein Naturgartenfan sind oder im Reihenhausgarten unter den Augen der Nachbarn ganz ordentlich nur einige Quadratmeter pflegen können, die Kräuterschnecke paßt sicherlich da-

zu. Sogar in einen reinen Ziergarten fügt sie sich erstaunlich gut ein und wird sich zu einem vielbeachteten Schmuckstück entwickeln. Am besten geeignet für das spiralförmig nach oben strebende Beet mit wenigsten 2 m Durchmesser (oder mehr) ist ein möglichst sonniges Plätzchen dicht beim Haus. Das fördert die Kreativität beim Kochen und das vielfältige Leben, das sich mit Schmetterlingen, Bienen, Hummeln und vielleicht sogar Eidechsen und Salamandern einstellt, macht die Mußestunden interessant. Hier eine Sammlung von 20–30, ja sogar 40 Kräuterarten unterzubringen, ist kein Problem. Je sonnenliebender und anspruchsloser die Pflanzen sind, desto höher

Eine blühende und duftende Kräuterschnecke fügt sich in fast jeden Gartenstil ein.

Auf dem schneckenförmig aufgehäuften Gebilde finden viele Kräuter den optimalen Standort.

oder Dauerblüher wie z.B. die Karthäusernelke *(Dianthus carthusianorum)* – die Spirale läßt sich sehr vielseitig nutzen. Um die Steine herum wird der Boden alljährlich gelockert und mit einjährigen Kräuter wie Bohnenkraut, Majoran, Dill oder Petersilie besät. Auf der Spirale selbst wird das übergeordnete Wachstum höchstens gelegentlich durch Ernten oder behutsamen Rückschnitt gebremst. Ansonsten ist die Kräuterspirale ausgesprochen pflegeleicht.

werden sie auf den in Spiralform geschichteten Mauern angesiedelt. Kräuter, die im Schatten wachsen wie Kerbel oder Kresse kommen in den Norden, solche, die es feucht lieben wie Liebstöckel und Minze, werden zu ebener Erde gepflanzt. Wer will, kann die Spirale sogar mit einem Maurerkübel, Fertigteich oder mit etwas Folie in einem Miniteich auslaufen lassen, in dem Brunnenkresse wächst.

Weitere Ergänzungen in dieser nahrhaften Palette sind immertragende Erdbeeren, Etagenzwiebeln

So wird es gemacht:

Im Prinzip läßt sich eine Kräuterspirale auch aus Backsteinen, Kalksandsteinen und anderen Kunststeinen aufschichten. Schöner aber sind – so man sie hat – Natursteine. Leicht abgeflacht, werden sie auf einem tiefgründig gelockerten Gartenboden oder in einem Kiesbett nahezu kreisförmig ausgelegt, immer etwas schräg nach hinten geneigt, damit die Trockenmauern nicht einstürzen. Wie bei einem Schneckenhaus steigen die Lagen

Zwischen die Steinlagen wird lehmige oder sandige Erde gefüllt, je nach Bedarf der Kräuter.

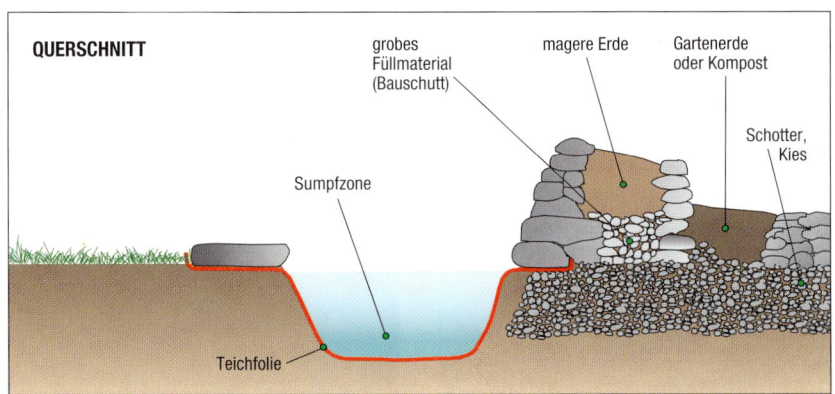

QUERSCHNITT — grobes Füllmaterial (Bauschutt) — magere Erde — Gartenerde oder Kompost — Schotter, Kies — Sumpfzone — Teichfolie

spiralförmig sich verengend bis auf 60 oder 120 cm Höhe an. Die Zwischenräume kann man im Zentrum und unten mit drainierendem Bauschutt oder Schotter füllen. Auf die späteren Kulturflächen kommt kalkhaltige, sandige oder humose Komposterde, je nach den Ansprüchen der einzelnen Kräuter. Wo saure Bodenverhältnisse gefragt sind (z. B. beim Sauerampfer), kann man mit Rindenhumus die pH-Werte nach unten hin korrigieren. Die meisten Kräuter sind anspruchslose Wildpflanzen, die zunächst ohne jeden Dünger auskommen. Doch in den Folgejahren wirken sich langsam fließende organische Nährstoffquellen wie Hornspäne oder Knochenmehl, als Vorratsdüngung im Frühjahr gegeben, positiv aus.

Nach der Arbeit mit dem Aufschichten der Steine geht es mit einer angenehmen Tätigkeit weiter – dem Bepflanzen.

Im Gartencenter oder in der Gärtnerei ist die Auswahl vorgezogener Kräuter in Töpfen und Containern besonders groß. Aber natürlich ist auch die eigene Anzucht aus Samen nicht schwer. Stark durchwurzelte Ballen reißt man mit herzhaftem Schwung auf, denn die Verletzungen regen die Wurzeln zu neuem Wachstum an. Gründliches Einschlämmen nicht vergessen, damit ein inniger Kontakt mit dem Boden entsteht und die Pflanzen nicht am ersten Wochenende schon vertrocknen!

Damit die Spirale nicht nur zum Nutzen, sondern auch zur Zierde

In Kräutertöpfen müssen die Pflanztaschen groß genug sein, um die Ballenpflanzen aufzunehmen.

gereicht, sollte die Auswahl auch ein wenig nach Schönheit gehen, denn einige Kräuter blühen ausgesprochen attraktiv, z. B. Schnittlauch (rosa), Quendel (rosa), Thymian (weiß), Oregano (braunrot), Borretsch (blau), Schnitt-Knoblauch (weiß), Ysop (blau und weiß), der blaßrosa Eibisch und die zierliche weiße Süßdolde mit ihren farnartigen, behaarten Blättern.

Jedem Kraut den idealen Standort

Die Sonnenkinder: Man pflanzt sie ganz nach oben und der Sonne zugewandt, denn mögliche Trockenheit macht ihnen nichts aus. Die meisten von ihnen sind Felsbewohner und lieben Kalk. Thymian, Lavendel, Salbei, Bergbohnenkraut, Mariendistel, Oregano und Ysop sind typische Vertreter dieser Gruppe.

Die Normalbürger: In den unteren Etagen und zu ebener Erde gedeihen bei mäßiger Wasserversor-

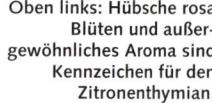

Oben links: Hübsche rosa Blüten und außergewöhnliches Aroma sind Kennzeichen für den Zitronenthymian.

Oben rechts: Purpursalbei und andere Zierformen des Heil- und Küchenkrautes passen ins Staudenbeet.

gung: Bohnenkraut, Borretsch, Dill, Eberraute, Estragon, Gewürzfenchel, Kamille, Römische Kamille, Knoblauch, Koriander, Kümmel, Liebstock, Pimpinelle, Schnittlauch, Schnitt-Knoblauch, Weinraute, Zwiebeln.

Im Halbschatten gedeihen Erdbeeren, Monatserdbeeren, Petersilie, Kresse, Kerbel, Süßdolde.

Die Feuchtzonenbewohner: Immer reichlich feuchten Boden und oft auch den Schatten lieben: Baldrian, Brunnenkresse, Minzenarten.

Im nahen Umfeld, aber nicht innerhalb der Schnecke, passen dazu: Engelwurz (dekorativ, kräftiges Wachstum), Beifuß (kein guter Nachbar für engen Stand), Beinwell oder Comfrey (üppiges Wachstum), Meerrettich (wuchert), Rainfarn (breitet sich auf sonnigen Plätzen aus), Wermut (ist kein guter Partner für enge Mischkulturen).

Unten links: Süßdolde *(Myrrhis odorata)*: **gleich nach dem Abblühen schmecken die Samen am besten.**

Unten rechts: Basilikum ist besonders formenreich. Die Vielfalt verlockt zum Sammeln.

Eine Auswahl von Kräutern für die Kräuterspirale

Kräuterart deutsch (botanisch)	heimisch	eingebürgert	einjährig	Staude
Anis (Pimpinella anisum)		✴	✴	
Bärlauch (Allium ursinum)	✴			✴
Baldrian (Valeriana officinalis)	✴			✴
Basilikum (Ocimum basilicum)		✴	✴	
Bohnenkraut (Satureja hortensis)		✴	✴	
Borretsch (Borago officinalis)		✴	✴	
Brunnenkresse (Nasturtium officinale)	✴			✴
Dill (Anethum graveolens)		✴	✴	
Eberraute (Artemisia abrotanum)		✴		✴
Eibisch (Althaea officinalis)	✴			✴
Estragon (Artemisia dracunculus)		✴		✴
Fenchel (Foeniculum vulgare)		✴		✴
Kamille (Chamomilla recutita)		✴	✴	
Kerbel (Anthriscus cerefolium)		✴	✴	
Knoblauch (Allium sativum)		✴		
Kresse (Lepidium sativum)		✴	✴	
Liebstöckel (Levisticum officinale)		✴		✴
Löwenzahn (Taraxacum officinale)	✴			✴
Meerrettich (Armoracia rusticana)		✴		✴
Melisse (Melissa officinalis)		✴		✴
Oregano, Dost (Origanum vulgare)	✴			✴
Petersilie (Petroselinum crispum)		✴	2-jährig	
Pfefferminze (Mentha x piperita)		✴		✴
Portulak (Portulaca sativa)		✴	✴	
Ringelblume (Calendula officinalis)		✴	✴	
Rosmarin (Rosmarinus officinalis)		✴		✴
Salbei (Salvia officinalis)		✴		✴
Sauerampfer (Rumex acetosa)	✴			✴
Schnittlauch (Allium schoenoprasum)	✴			✴
Süßdolde (Myrrhis odorata)		✴		✴
Thymian (Thymus vulgaris)		✴		✴
Wermut (Artemisia absinthium)	✴			✴
Ysop (Hyssopus officinalis)		✴		✴

GEMÜSE UND BLUMEN AUF BUNTEN BEETEN

Wer sagt, daß Nutzgärten immer nur nützlich, ordentlich und manchmal auch stur aussehen müssen? Der berühmteste Gemüsegarten der Welt, Schloß Villandry an der Loire, macht aus den Blattstrukturen, den kräftigen und dezenten Farben nahrhafter Pflanzen eine Kunst. In fest eingerahmten Beeten, mit Buchs und hellem Kies, erhalten violettfarbener Rotkohl und palmenartig gefächerter Grünkohl, stämmiger Lauch und dicke runde Kürbisse einen würdigen Rahmen.

Leckeres auf kleinem Raum in Szene setzen, das gelingt in jedem Garten. Kreuzförmige Wege, ein kleines Rondell und in der Mitte als Blickfang eine Figur oder Sonnenuhr, dazu niedrige Einfassungen der Beete mit dunkelgrünem Buchs, silbrigem Heiligenkraut oder blauem Lavendel, an repräsentativer Stelle gezielt ein Kübel mit charmanten Blumen oder Zitrusgewächsen gesetzt – schon nimmt der eigene Schloßgarten Gestalt an. Krönt ihn ein romantischer Rosenbogen und tummeln sich bunte Sommerblumen zwischen den Gemüsen, dann zeigt er eher Bauerngartencharakter.

Gepflasterte Ziegelwege, ein kleiner Sitzplatz mit Bank, die kuschelige Laube oder ein aufwendigerer Pavillon, dazu eine Sammlung von stimmungsvollen Terrakotten und Gefäßen, Brunnen und Zaunelemente – all das trägt zur stilvollen Anlage bei.

Unten links: Inmitten von Buchskugeln und duftenden Kräutern steht eine Bank.

Unten rechts: Die Moschusmalve hat sich zwischen den Latten der Bank durchgemogelt.

Biogarten voller Düfte

Ganz anders präsentiert sich ein bunter Biogarten. Mischkulturen und Nützlingsecken harmonieren aufs fröhlichste mit Kohlköpfen und Bohnen, Brokkoli und Karotten. Der Boden ist gemulcht mit gehäckseltem Stroh, Schnittresten vom Rasenmäher oder Comfreyblättern. Sie schützen vor dem Austrocknen, halten ihn locker und das Bodenleben aktiv. Bohnenkraut hält Läuse vom Partner Buschbohnen ab, Studentenblumen *(Tagetes)* helfen den Erdbeeren als Fangpflanzen gegen schädliche Nematoden.

Auf den Beeten ringsum blühen Sommerblumen in Fülle, meist mit ungefüllten Blüten. Damit bieten sie Nahrung für die vielen Schwebfliegen, Florfliegen und Weichkäfer.

● Wer in einer sonnigen Ecke Samen der üppig blühenden »**Nützlingswiesen**« aussät, erfreut

Duftblumen gibt es fertig gemischt aus der Samentüte. Sie blühen bis zum Herbst.

Ungefüllte Blüten für Nützlinge locken Schwebfliegen und Florfliegen an.

das Auge mit viel rotem Mohn, gelben Wucherblumen, weißer Kamille und zarten Kerbelblüten. Die bunte Pracht gedeiht auch in Gefäßen gut.

● Ein guter Partner zu vielen Nutzpflanzen ist die Kapuzinerkresse *(Tropaeolum majus)* mit eßbaren

Erdbeeren, Petersilie, Salat, Blumen und Kräuter – hier findet sich alles zusammen.

Blüten und angenehmem Duft. Der üppige Wuchs verkraftet auch einen starken Befall von Blattläusen, Blutläusen oder Kohlweißlingsraupen. Sät man auf Baumscheiben, bleiben die Obstbäume verschont und statt Kohl fressen die Raupen die Blätter der Kapuzinerkresse.

● Nützlich und schön ist eine **Trockenmauer**, auf der neben würzigen Kräutern auch Margeriten, Kornraden, Bärenkamille *(Ursinia)*, Duftsteinrich, Nelken und Färberkamille *(Anthemis tinctoria)* die Sonne genießen.

● Für Schmetterlinge, Bienen und Hummeln ist solche Vielfalt eine Einladung zu häufigen Besuchen. Zwar nicht heimisch, aber doch sehr rege besucht, ist die **Mexikanische Minze** *(Agastache mexicana* und *A. foeniculum)*. Innerhalb von wenigen Monaten entwickelt sie sich aus Samen zu stattlichen Stauden mit straffen Stielen. Die blauvioletten Blütenähren halten lange, auch in der Vase.

● Ysop *(Hyssopus officinalis)*, Färberkamille *(Anthemis tinctoria)*, Baldrian *(Valeriana officinalis)* und Königskerze *(Verbascum olympicum)*, Oregano bzw. Dost *(Origanum vulgare)* sowie das weiße Mutterkraut *(Tanacetum parthenium)* sind weitere Dauerblüher – nicht nur für den Natur- und Biogarten.

Rundum wachsen heimische Wildgehölze und die Kräuterschnecke ist für die Insekten ebenfalls ein Paradies. Ein simples Drahtgerüst genügt, um Feuerbohnen und anderen Rankern einen Platz an der

Sonne anzubieten. Darunter kann man gemütlich sitzen und den friedlichen Anblick genießen.

Wählen Sie attraktives Gemüse!

• **Zierkohl** ist eßbar und schmeckt recht gut – aber ist er deshalb nur ein Gemüse?

• **Grünkohl** hat palmenartig überhängende gekrauste Blätter. Grün oder violettrot sind seine Farben. Wenn dann noch der Rauhreif sein weißes Pulver darüber legt, ist der nahrhafte Zweck leicht vergessen.

• Oder **Wirsing** und **Rotkohl**. Beide passen hervorragend in Töpfe, erfordern dann allerdings Aufmerksamkeit bei der Pflege. Selbst dem dickbauchigen Weißkohl gelingt die Wandlung zum Kunstwerk der Natur, wenn auf seinen Blättern Tauperlen zu Eis gefrieren.

• Haben Sie schon einmal roten **Mangold** gepflanzt? Er sieht edel aus. Je niedriger die Temperaturen, desto intensiver leuchten die Stiele und desto dekorativer wirken seine malerisch gewölbten Blätter.

• Die Blätter der **Schwarznessel** *(Perilla frutescens)* schmecken delikat zum Fisch, gleichzeitig kann man sie auf Rabatten als dunklen Kontrast in Gruppen pflanzen, vor dem sich filigrane Gewächse (z.B. Gräser) dekorativ abheben.

• **Artischocken** entwickeln schon im ersten Jahr aus Samen delikate dickbauchige Knospen (ideal für ein Mahl zu zweit, gedünstet und mit Sauce Hollandaise angerichtet), die – wenn man sie beläßt – sich im

Spätherbst noch strahlend blau entfalten und dann wochenlang als Trockenblumen haltbar sind. Sehr dekorativ sind ihre tief gebuchteten, silbrig schimmernden Blätter.

• Beginnen Sie damit ein Spiel der Blattstrukturen und -formen: als Nachbarn ein Sortiment der verschiedenen **Ziersalbei**sorten, z. B.

Roter Mangold ist sehr dekorativ, für Beetumrandungen oder als Einzelpflanze.

Ernten Sie 'mal vom Blumenbeet! Viele Blüten sind schmackhaft und reich an Vitaminen.

Der duftende Teppich aus Römischer Kamille 'Treneague' braucht keinen Rasenmäher.

die gelbgrün gemusterte *Salvia officinalis* 'Icterina', die rötliche 'Purpurascens', die ganzrandige silbergrüne 'Berggarten', die dreifarbige 'Tricolor' mit zungenförmigen Blättern oder die gekrauste 'Cristata'.

Dazu feinblättriges Heiligenkraut (*Santolina chamaecyparissus*) und, als Kontrast dazu, die hellblauen Blüten des Septemberkrauts *(Aster ericoides)* oder die Blütenkissen der Chrysanthemen.

● Die **Sammetblume** *(Tagetes tenuifolia)*, eine kleinblütige Form der Studentenblume *(Tagetes patula)*, ergibt einen aromatisch schmeckenden Salat. Gleichzeitig paßt sie mit nur 25 cm Höhe und üppigen Blütenkissen überall als leuchtender Farbfleck dazwischen. Die Blüte dauert von Mai bis zum Frost. Als Mischkulturpartner hilft sie Gemüsepflanzen bei der Abwehr von Kohlweißlingen oder Weißen Fliegen und hält gleichzeitig Nektar für Nützlinge und gern gesehene Gäste bereit, zum Beispiel für Falter.

● Im Frühjahr übernehmen **Stiefmütterchen** und **Schöterich** *(Erysimum 3 allionii)* mit Duft und fröhlichen Farbtupfern diese Rolle.

● Zum **Einrahmen von Beeten** haben sich neben Buchs auch Gamander *(Teucrium chamaedrys)* und die goldgelbe, flachwachsende und kissenbildende Fetthenne *(Sedum floriferum* 'Weihenstephaner Gold'*)* bewährt. Auch mit silbrigem Greiskraut *(Senecio bicolor)* können Sie bis ins Frühjahr dekorative Kontraste und Rahmen setzen.

● Eßbar ist auch die stark duftende **Römische Kamille** *(Chamaemelum nobile)*, aus der man einen aromatischen Duftteppich legen kann – übrigens ein hervorragender Rasenersatz, den man nicht mähen muß. Für kleine Gärten also ideal.

Noch wenig verbreitet sind die **Samenmischungen mit eßbaren Blüten**. Sie enthalten Kapuzinerkresse, Borretsch, Ringelblumen, Sammetblumen, Salatchrysanthemen, Balsaminen, Violen und andere mit zarten oder hocharomatischen Geschmacksnoten. Auf ein Beet locker ausgesät oder in Kübeln oder Balkonkästen bilden sie einen bunten Blütenteppich, von dem man Sträuße schneiden und für die Küche ernten darf.

Von der weißblühenden Art gibt einfache und gefüllte Sorten sowie die nicht blühende 'Treneague', die sich als flacher Teppich verbreitet.
• Eine Alternative dazu sind einjährige **Duftblumen** wie Reseden, Duftsteinrich, Blauer Waldmeister, Schleifen- und Ringelblumen, die es auch als Mischung preisgünstig im Gartencenter gibt. An Wegrändern, in kleinen Beeten, Gefäßen und als Hintergrund an sonnigen Gartenplätzen bilden sie Duftinseln voller Romantik.
• Wer keine ausufernden Mischungen mag, wählt **Zwerg-Buschwicken** (Lathyrus odoratus). Sie wachsen wie eine niedrige bunte Hecke und sind auch in Gefäßen ein gern gesehener Blickfang.
Gemüse und Blumen, besonders die aromatisch duftenden Kräuter, lassen sich nur widerwillig in Schubladen stecken: links das nährende Gemüse, rechts die Blumen zum Anschauen. Alles ist auf seine Weise schön und alles mischt sich – weshalb dann nicht auch im Garten?

Im Biogarten mischen sich Nutzpflanzen und Blumen als bunter Rahmen für die Beete.

GÄRTNERN IM QUADRAT

Warum immer nur in Reihen säen und pflanzen? Weshalb nicht mal etwas anderes probieren, vor allem, wenn man mit wenig Platz haushalten muß?

In Amerika ein großer Erfolg

Der Amerikaner Mel Bartholemew, Bauingenieur von Beruf, fand aus Platznot in seinem Hinterhofgarten zu einem ganz anderen System. Statt in Reihen pflanzt man beim »**Squarefoot-gardening**« in Karrees. Die Größe der Felder orientiert sich am »Fuß«, dem immer noch üblichen traditionellen

Längenmaß, das in Amerika jeder kennt. Andere Maße sind jedoch möglich. Was auf einem Geviert von knapp 30 x 30 cm wächst, deckt oft den Bedarf einer Familie: 1 Blumenkohl, 1 Brokkoli, 1 Wirsingkohl, 1 großer Eissalat oder 500 g Spinat. Wird mehr gebraucht, besetzt man eben zwei, drei, vier oder mehr Sä- oder Pflanzfelder mit einer Kultur.

Ist ein Feld abgeräumt, kann man sofort wieder nachsäen oder – pflanzen. Das ist praktisch, denn auf diese Weise kommt automatisch überlegte Abwechselung in den Speiseplan. Der Sä- und Pflanzplan läßt sich genau an den Bedarf einer Familie anpassen. Nichts verdirbt, weil es aus Überfluß nicht rechtzeitig verzehrt werden kann.

Ein hölzerner Rahmen gibt die Sä- oder Pflanzquadrate vor, die dem Bedarf angepaßt sind.

Man muß nicht alles auf einmal ernten, denn im Laufe des Jahres kommt alles nach und nach zur Reife – eben kochtopfgerecht. Reihen und Wege entfallen, statt dessen kann man jeden Quadratzentimeter intensiv nutzen. Der Zugang erfolgt von außen her. Oft genug sind Mels Gärtchen auch 20–30 cm niedrige Hochbeete, die auf einen gepflasterten Boden gesetzt sind und zum Nutzen einen erfreulichen Anblick bieten. Blumen lassen sich nämlich leicht integrieren, Studentenblumen, Astern, Zinnien oder Dahlien zum Beispiel. Sie nehmen einfach den Platz einer Gemüsepflanze ein.

Auch der Mischkultur muß keiner entsagen. Die günstigen Partner wachsen in einer Nachbarparzelle. Zum »Gärtnern im Quadrat« braucht man Gitter aus Holzleisten oder Draht in den entsprechenden Abmessungen von 30 x 30 cm oder – für viele europäische Gemüse besser geeignet – von 40 x 40 cm. Der äußere Rahmen kann quadratisch oder rechteckig sein. Ein 4 x 4 Fuß-Beet enthält 16 Parzellen, genug, um mit einem Minigarten von 120 x 120 cm (nicht viel größer als ein Tisch) den Salatbedarf einer ganzen Familie zu decken.

Soll der Anbau auf steinigem oder gepflasterten Boden, auf Beton oder stark verunkrautetem Gelände erfolgen, werden im Rastersystem niedrige Hochbeete aus Brettern gebaut. 20 cm Höhe genügen für fast alle Kulturen. Eine Folie unter dem Beet verhindert das Durchwachsen und negative Einflüsse

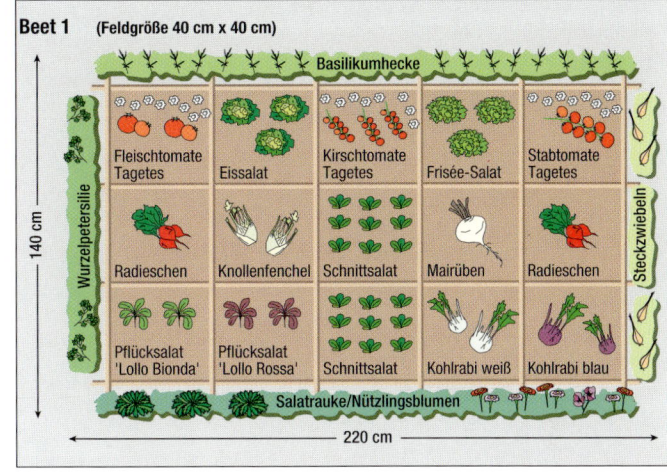

von außen. Dann wird mit Hornspänen ($120\,g/m^2$), angereicherter Kompost oder nährstoffreicher, humoser Gartenerde aufgefüllt. Gitter oder Beete sind eine einmalige Anschaffung. Übers Jahr hinweg sorgen sie dafür, daß die gewählte Ordnung nicht in Chaos ausartet. In die Felder wird dann platzsparend gesät und gepflanzt.

Beet 1: In den Feldern wachsen Kohlrabi, Salate, Fenchel, Radieschen und Tomaten.

Beet 2: Am hohen Gitter klettern Stangenbohnen und Gurken. Auf Erbsen folgen Paprika und Tomaten.

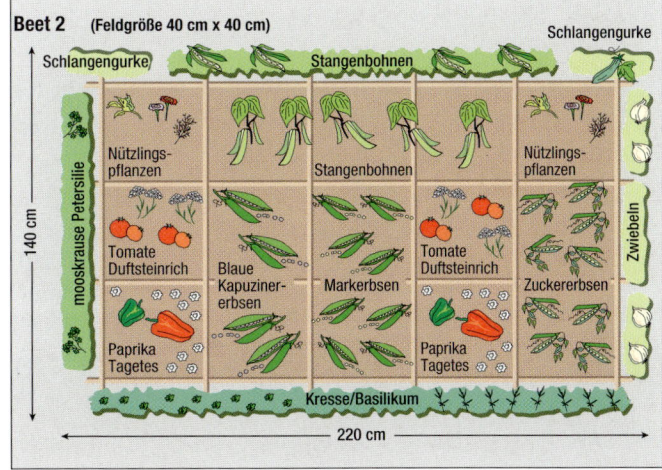

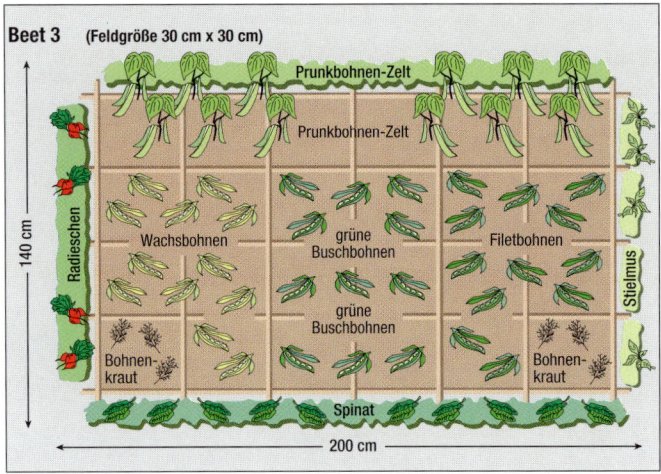

Beet 3 (Feldgröße 30 cm x 30 cm)

Prunkbohnen-Zelt

Prunkbohnen-Zelt

Radieschen

140 cm

Wachsbohnen

grüne Buschbohnen

Filetbohnen

Stielmus

grüne Buschbohnen

Bohnenkraut

Bohnenkraut

Spinat

200 cm

Schwachzehrer wie Busch- und Feuerbohnen ernähren den Boden, bringen gleichzeitig viel Ertrag.

Kräuter und Salatgemüse dominieren hier. Möhren und Spinat gedeihen am Rand

knapp. Eine Feldergröße von 40 x 40 cm wird europäischen Ansprüchen besser gerecht. »Felder« ist übrigens übertrieben, denn auf diese Minibeete passen gerade mal 1 Tomatenstaude oder 4 Salatköpfe oder 5 Kohlrabi oder 1 Horst Buschbohnen oder 2–3 Reihen (etwa 30 Stück) Radieschen. Ertragreiche Gemüsearten wie Tomaten, Pflücksalat, Eisfrisée, Frisée-Endivien, Mangold oder der mehrfach sprossende Brokkoli verdienen den Vorzug vor Langsamwachsern wie Weißkohl, Rotkohl oder Kopfsalat. Es lohnt sich, mit reichtragenden Stangenbohnen oder rotblühenden Feuerbohnen an Gittern oder Spalieren in die Höhe zu gehen. Hier ist auch Platz für Schlangengurken, die viel Ertrag von wenigen Quadratzentimetern liefern. Bei geschütztem, sonnigem Standort können Sie den Versuch mit vorgezogenen resistenten, bitterfreien Gewächshaussorten wagen. In der warmen Luft setzen pro Pflanze 7–10 schöne, kernlose Früchte an – eine Freude für alle, die Spaß an delikatem Gemüse haben.

2–3 Personen-Haushalte, Stadtgärtner, Hinterhofgärtner und Reihenhausgärtner, die mit wenigen Quadratmetern auskommen müssen, sind von dem System angetan. Oft reichen die kleinen Flächen gerade für eine Mahlzeit. Dann wird umgehend nachgesät oder wieder neugepflanzt – was gerade gefällt. Nach den Erfahrungen aus meinem eigenen Garten sind 30 x 30 cm zu

Nichts gegen Zucchini, aber wenn man mit 3–4 m² einen ganzen Haushalt versorgen will, brauchen die üblichen Sorten zuviel Platz. Die kletternde 'Black Forest F$_1$' dagegen klimmt an Gittern oder Pfählen in die Höhe. 25 mittelgroße Früchte pro Pflanze und mehr sind bei guter Pflege möglich. Je mehr man von den Pflanzen pflückt, desto eher werden sie zu weiteren Erträgen angeregt.

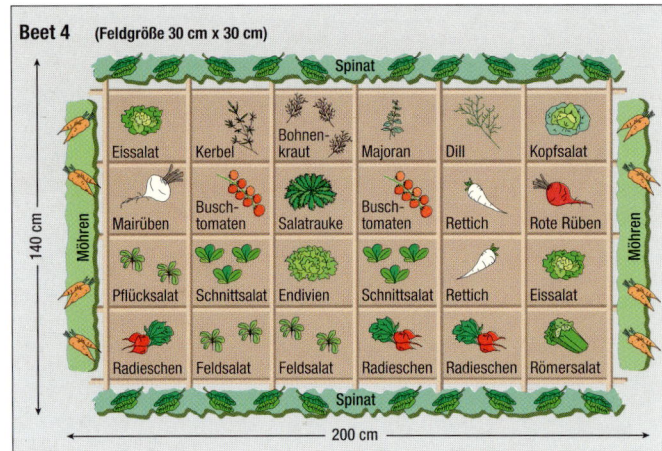

Beet 4 (Feldgröße 30 cm x 30 cm)

Spinat

Möhren

140 cm

Möhren

Eissalat	Kerbel	Bohnenkraut	Majoran	Dill	Kopfsalat
Mairüben	Buschtomaten	Salatrauke	Buschtomaten	Rettich	Rote Rüben
Pflücksalat	Schnittsalat	Endivien	Schnittsalat	Rettich	Eissalat
Radieschen	Feldsalat	Feldsalat	Radieschen	Radieschen	Römersalat

Spinat

200 cm

Beet 1: Gepflanzte Salate, Fenchel und Kohlrabi füllen die Quadrate. Das Gitter macht das Nachpflanzen leicht.

Erntelücken schnell wieder schließen

Auch wer nicht viel Erfahrung hat, erkennt bald, wann eine Parzelle frei sein wird. Rechtzeitig muß dann Nachschub her. Bei Salaten, Kohlgemüsen und Mangold ist das einfach: man sät dünn verteilt aus und verpflanzt die kräftigsten Exemplare nach 4–5 Wochen auf den freigewordenen Platz. Vom Rest bleiben 4–5 Pflanzen stehen und dürfen an Ort und Stelle weiterwachsen. Radies, Rettiche, Mairüben, Karotten und die gängigen Kräuter werden in Reihen direkt gesät, bei Bohnen bietet sich die Horstsaat (5–7 Samen pro Pflanzstelle) an. Tomaten, Gurken, Fenchel und andere Pflanzgemüse aus dem Süden brauchen dagegen Vorkultur am Fensterbrett in Töpfen oder Topfplatten. Viele Jungpflanzen werden auch im Gartencenter angeboten.

Schöne und nützliche Blumen

Selbst bei einem sehr kleinen Beet wird der Familientisch reich gedeckt. Vielfalt ist angesagt, sogar Blumen passen dazu. Sie setzen nicht nur Farbtupfer zwischen all dem fruchtbaren Grün. Sammet-

Beet 4: Spinat und Salate kann man schon ernten. Die Kräuter dazwischen sind gerade erst gekeimt.

blumen *(Tagetes tenuifolia)*, Duftsteinrich *(Lobularia maritima)*, niedrige einfache Zwergdahlien oder Zwergzinnien bringen gleich mehrfachen Nutzen. Sie bieten Pollen und Nektar für die vielen Schweb- und Florfliegen, deren gefräßige Larven als Nützlinge Läuse, Milben, Weiße Fliege und andere Lästlinge unter Schadensniveau halten. Beweglich ist man durch Töpfe mit vorkultivierten Wildblumen oder einfachblühenden Rosen,

Gleich nach der Ernte wird nachgesät oder – gepflanzt. Radieschen folgen dem Fenchel.

die an passender Stelle zwischen die Parzellen gestellt werden. Das sieht gut aus, duftet und nutzt obendrein. Und wer die Gemüsespaliere langweilig findet, pflanzt einfach Kletterpflanzen hinzu. Himmelblaue Kaiserwinden *(Ipomoea tricolor)* und die üppigen Prunkwinden *(Pharbitis purpurea)* in blauen oder rosa Tönen sind dafür gut geeignet.

Dreimal säen und ernten

Mit den letzten Frösten Mitte Mai beginnt die Pflanzsaison. Tomaten, Paprika, Gurken und Melonen können nun ins Freie. Gleichzeitig werden Bohnen, Zuckermais und Kürbisgewächse gesät. Doch bis dahin haben clevere Gärtner schon längst die ersten Frühgemüse genossen.

Rechnen Sie mit einem kontinuierlichen Bedarf an Kompost und an organischen Düngemitteln, denn der Entzug durch die dauernden Ernten wirkt sich mindernd aus. Grünabfälle können Sie in einer Kompostliege sammeln. Für die Stadt empfiehlt sich ein Thermokomposter, in dem dank Isolierung auch in der kalten Jahreszeit der Rotteprozess weiter verläuft. Ein halber Kubikmeter wertvoller Kompost entsteht so pro Jahr. Gelegentliches Anfeuchten nicht vergessen. Steinmehl verhindert Geruchsprobleme.

Zarter Salat, Spinat, madenfreie Radieschen und leckerer Kohlrabi sind bis dahin erntereif.

Mitte März beginnt das Gartenjahr, es endet Mitte Oktober. Mit winterharten Gemüsen wie Feldsalat, Winterportulak, Löffelkraut, Salatrauke, Lauch, Rosenkohl, Grünkohl, Schwarzwurzeln und Pastinaken kann man auch noch im Winter die Küche versorgen. Die Beispiele als Anregung zum Nachmachen sind auf die Sommermonate ausgerichtet. Beet 1 und 2 passen zu 40 cm Quadraten, Beet 3 und 4 zu 30 cm Parzellen. Die Gärtchen sind nicht viel breiter als normale Gartenbeete und so klein, daß man sie von allen Seiten leicht

bearbeiten kann. Das Abdecken mit Mulchmaterialien, z. B. Rasenschnitt schützt vor Austrocknen und unerwünschten Beikräutern. Wegen der Vielfalt nicht ganz einfach durchzuhalten, aber doch möglich, sind die Regeln der Mischkultur. In die Umgebung von hohen Pflanzen passen niedrige zur Bodenbedeckung. Achten Sie darauf, daß sich die Kulturen nicht gegenseitig Licht wegnehmen und vermeiden Sie ungünstige Kombinationen wie Bohnen mit Zwiebeln und Knoblauch, Petersilie mit Sellerie und Salaten, Karotten mit Roten Rüben und Gurken mit Sellerie, Rettich, Kohl und Roten Rüben.

Hübsch machen sich Blumenzwiebeln in den Minigärtchen, umgeben von Stiefmütterchen, Tausendschön und Vergißmeinnicht. Tulpen und Hyazinthen passen gut in die Parzellen, lohnen jedoch nicht die Weiterkultur und werden deshalb nach dem Abblühen entfernt. Narzissen, Krokus, Schneeglöckchen, Blaustern und Strahlenanemone *(anemone blanda)* sind dauerhafte Gäste. Bis das Gemüse gepflanzt wird, sind die Zwiebeln schon beim Einziehen und stören nicht. Diese Idee läßt sich auch mit Sommerblühern wie Gladiolen, Topfdahlien, Lilien und Montbretien verwirklichen.

Der Fenchel ist gut gelungen. Schnell wird auf der geernteten Parzelle wieder nachgesät.

PFLEGELEICHTES GEMÜSEBEET FÜR ZWEI PERSONEN

Eine Schneckenkante schützt das wertvolle Gemüse. Mulch verhindert Austrocknen.

Würzige Radieschen, Rettiche, zarten Salat, aromatische Tomaten und süße Karotten – wer möchte das alles nicht frisch aus dem Garten ernten? Auch auf Bohnen, Kohlrabi, Feldsalat und Kräuter

braucht keiner zu verzichten. Ein kleiner Haushalt kommt mit ganz wenig Fläche aus. Von den Erträgen aus nur 11 m² (das ist so groß wie ein Kinderzimmer) kann sich eine kleine Familie ganz gut ernähren.

Platz für Gemüse ist im kleinsten Reihenhausgarten. Wer sich auf das Wesentliche konzentriert – und das sind nun mal Tomaten, Salat, Bohnen, Karotten, Kohlrabi und Kräuter –, wird staunen, was möglich ist. Daß ein solches Beet auch pflegeleicht ist, zeigt das folgende, bereits von mir erprobte »Modellbeispiel«. Wenn Sie ertragreiche und resistente Sorten verwenden, sind die üblichen Pflanzenschutzprobleme ausgespart.

Das Beet mißt nur 2,25 x 5 m; dennoch deckt es den Bedarf für zwei Personen übers ganze Jahr. Sind die Ansprüche höher, steht einer Erweiterung nichts im Wege. An der Grenze zum Nachbarn, an einem Weg oder in der Nähe einer Terrasse findet sich gewiß eine sonnige Ecke, um den Plan in die Tat umsetzen.

Schutz vor Schnecken und Raupen

Das Besondere an diesem Beet ist eine wandernde »Hochsicherheitszone« für alle gefährdeten Gemüsearten. Mit einem Schneckenzaun aus Kunststoff (z. B. von Neudorff) oder engmaschigem Draht (etwa von Beckmann) sind sie gegen Mitesser gesichert – kein lästiger Kriecher soll den zarten Salat vernich-

Ein Vlies schützt Gemüse vor vielen Gefahren. Darunter wächst es zügig heran.

ten. Weniger bedrohte Kulturen bleiben dagegen frei. Stecksysteme erlauben es, die Maße den jeweiligen Gegebenheiten anzupassen. Wichtig ist eine scharfe Abkantung oder Rundung im Winkel von 40–50 Grad. Für die Schnecken stellen die Zäune unüberwindbare Hindernisse dar, vorausgesetzt natürlich, daß sich im Innern keine Tiere oder Eier befinden. Zwischen den Reihen wird gemulcht, damit der Boden in luftigem, aktivem Zustand bleibt, nicht austrocknet und das Gießen nur an wenigen Tagen erforderlich wird.

Der Tunnel eines solchen **Intensivkultursystems** von 1,25 m Breite wandert zu den jeweils schutzbedürftigen Kulturen. Im Frühjahr mit durchlässigem, luftigem Vlies bespannt, schafft er eine mollige Kinderstube für keimende Samen und zartes Gemüse. Einfallende Sonnenstrahlen erwärmen den Boden, die

nächtliche Abkühlung verzögert sich und beim Wachsen lohnt es ich fast zuzusehen. Eine Abdeckung verfrüht die Ernte um 3–4 Wochen – im Frühjahr ist dies eine Menge. Bis zum ersten Platzwechsel hat sich der geringe Aufwand schon gelohnt.

Säen und pflanzen im Frühling

Der Tunnel steht über den Frühkulturen: 2 Reihen Radieschen sind gereift, 2 Reihen Kohlrabi warten auf Kochtopf und Gefrierschrank, die Rettiche können gezogen werden. Spinat braucht keinen Tunnelschutz. Er bringt üppige Ernten, Schnitt- und Pflücksalat ebenfalls. Zwischen den Karottenreihen ist Schnittsalat dünn als Kennsaat ausgebracht. Das zeigt, wo die Reihen sind. Durch den weiten Stand sind die Blättchen in Windeseile fertig und räumen den Platz.

Ernten im Sommer

Mitte bis Ende Mai ändert sich vieles – die Sommerkulturen wollen etabliert sein. Der Tunnel wandert über Karotten und Kohlrabi. Keine Chance für Möhrenfliege, Kohlfliege, Erdflöhe, Läuse und andere geflügelte Insekten, zu den Wirtspflanzen vorzudringen und dort ihre Eier abzusetzen. Lecker und appetitlich wachsen die Karotten heran und räumen ab Juni bzw. Juli den Platz. Keine derartigen Probleme gibt es dagegen mit den übrigen Kulturen.

Sommer:
Der Tunnel mit Schutznetz steht über den gefährdeten Kulturen Möhren und Kohlrabi.

Der Pflanzplan von links nach rechts:
1 Reihe Stielmangold,
3 Stangen mit Stangenbohnen,
3 Reihen Möhren und
1 Reihe Kohlrabi unter Netz,
2 Reihen Fleischtomaten,
2 Reihen Stabtomaten,
2 Reihen Flaschentomaten,
2 Reihen Kirschtomaten,
2 Reihen Eissalat,
1 Reihe Pflücksalat,
2 Reihen Kopfsalat.

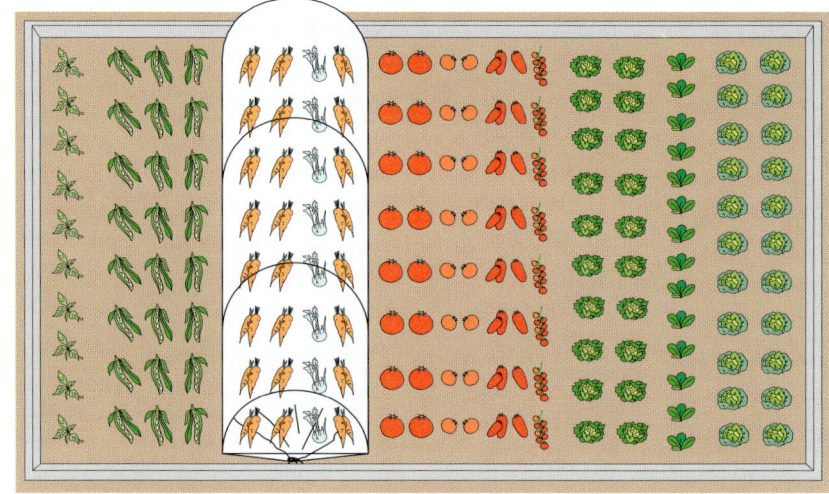

Herbst bzw. Winter:
Nach Radieschen und Salatrauke wandert der Tunnel über Chinakohl und Salatzwiebeln.

Der Pflanzplan von links nach rechts:
1 Reihe Stielmangold,
3 Reihen Herbst- und Winterspinat,
2 Reihen Winterportulak,
1 Reihe Salatrauke,
2 Reihen Radieschen,
1 Reihe Kresse,
5 Reihen Feldsalat,
3 Reihen Löffelkraut,
2 Reihen Petersilie,
3 Reihen Chinakohl,
2 Reihen Salatzwiebeln.

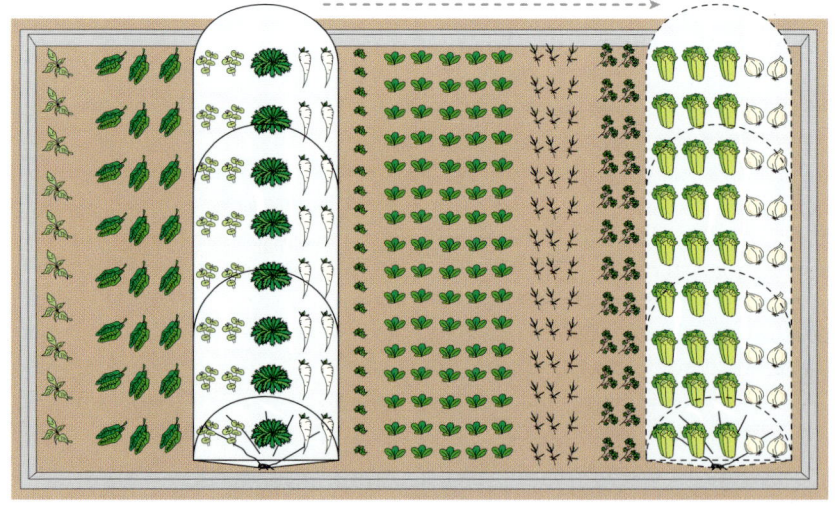

Stielmangold ist ein ertragreiches Dauergemüse, das laufend Blatt für Blatt gepflückt wird und bis ins nächste Jahr überwintern kann. Stangenbohnen verdienen den Vorzug vor Buschbohnen, denn sie tragen mindestens doppelt so viel. Acht Tomatenpflanzen unterschiedlicher Sorten und Typen (z. B. Kirsch-, Stab-, Fleisch- und Flaschentomaten) garantieren reichen Ertrag. Dazwischen haben noch Rote Rüben Platz (walzenförmige Sorten wie z. B. 'Loma' bringen mehr Ertrag als runde). 2 Reihen Eissalat, 2 Reihen Kopfsalat und 2 Reihen Pflücksalat als Dauerlieferant für viele Wochen garantieren, daß es immer genug vitaminreichen Salat gibt.

Im Herbst ist das Jahr noch lange nicht zu Ende

Zum dritten Mal wechselt die Bepflanzung, denn auf die abgeernteten Stangenbohnen folgen Mitte August 3 Reihen Herbst- und Winterspinat. Wo die Karotten wuchsen, steht im Frühherbst der schützende Tunnel, damit die Radieschen, Salatrauke, Kresse und Winterportulak nicht von Erdflöhen, Läusen, Kohlfliegen und Kohlweißlingsraupen verdorben werden. Nach deren schneller Ernte rückt der Tunnel nach ganz rechts, um den Befall auf Chinakohl, Petersilie, Löffelkraut und Salatzwiebeln zu unterbinden. Feldsalat, Winterportulak, Spinat, Löffelkraut und Stielmangold sind frostbeständige Kulturen. Die letzten Ernten liegen im zeitigen Frühjahr. Das ganze Jahr gibt es giftfreies Gemüse, lecker und appetitlich. Im März schließt sich der Kreis und eine neue Kulturfolge beginnt.

Gemüse biologisch schützen

Gemüsefliegen, Erdflöhe, Raupen und Schnecken sind zwar Mitbewohner im Garten und genießen daher auch eine Daseinsberechtigung – aber ausgerechnet in unserem Garten? Das muß nicht sein. Mit einem Intensivkultursytem wie im gezeigten Beispiel beugt man sicher vor.

Schneckenzäune haben sich gut bewährt, um kleine Areale vor dem Zuwandern zu schützen. Man kauft und installiert sie einmal und hat dann für ein ganzes Gartenjahr und länger Ruhe.

Netze und Vliese gegen Insekten

Die eleganteste Art, giftfreies Gemüse und Setzlinge von Blumen

Kohlrabi reift unter der Tunnelabdeckung zu appettitlicher Qualität heran, ganz ohne Gift.

und Kräutern anzuziehen, ist das Abdecken mit durchsichtigen, engmaschigen Materialien. Wer im Frühling schnellere Ernten wünscht, greift zu Vlies, mit dem man Beete überdecken und die Kulturen darunter vor leichten Frösten, Wind, Hagel, Wild und Schnee schützen kann. Unter der luftigen Haube entsteht ein vorteilhaftes Kleinklima mit viel Luftfeuchte, das den Pflanzen besonders gut bekommt. Vliese halten auch Insekten ab, doch im Sommer wird es unter ihnen zu heiß.

Ab Mai folgen Netze aus Kunststoff, dicht genug, um selbst Läusen den Zuflug zu verwehren. Sie haben sich längst auf großen Flächen im Gemüseanbau bewährt. Ohne sie wäre es nicht mehr möglich, die vielen Rettiche, Radieschen, Karotten, Kohlrabi und Spitzkohl in schöner Qualität und ohne Spritzen zu erzeugen. Solche »**Kulturschutznetze**« sind auch für den Privatanbau erhältlich. Sie sind stabil, mehrere Jahre lang haltbar und schützen ganzjährig vor Gemüse-

Unter Rindenstücken suchen viele Schnecken nach nächtlichen Raubzügen Schutz.

fliegen an Kohl, Karotten, diversen Wurzelgemüsen, Petersilie und Pastinaken, aber auch vor zuwandernden oder zufliegenden Schnecken, Läusen, Schmetterlingen und deren Raupen (Kohlweißlingsraupen, Erdraupen) sowie Erdflöhen und Blattwanzen.

Vliese und Netze bringt man gleich beim Säen oder Pflanzen aufs Beet und sorgt dafür, daß ringsum die Ränder gut mit Erde oder speziellen Halterungen bedeckt sind, so daß den Schädlingen keine Zuschlupfmöglichkeit bleibt. Die Gespinste können sich nicht strecken – deshalb gilt es, gleich genügend Abstand für Blätter und Triebe einzurechnen, sodaß die Hauben bis zur Ernte auf den Kulturen bleiben können.

Auch damit gibt es keine Probleme, kauft man sich eines der »**Intensivkultursysteme**«, die mit einer tragenden Tunnelkonstruktion und zusätzlich mit Schneckenkanten ausgerüstet sind. Die Tunnels kann man jedoch auch selbst aus stabilen Drähten basteln und sie damit nach Bedarf im Garten umstellen.

Die so gesicherte Sperrzone ist eine praktische und bequeme Lösung, wegen der Kosten jedoch kaum geeignet für einen größeren Garten. Was tun? Auf weniger gefährdete Arten ausweichen, soweit dies geht, denn nicht alle Gemüse und Kräuter sind bei den Schädlingen beliebt! Wie heißt ein Gärtnerspruch? »Kapuzinerkresse, Ysop, Senf und Thymian rührt selbst der hungrigste Schneck nicht an«. Tomaten ebenfalls kaum.

MISCHKULTUREN UND KULTURFOLGEN FÜR DEN BAUERNGARTEN

Charmant und praktisch zugleich ist ein Bauerngarten. Kreuzförmige Wege mit einem Rondell in der Mitte gehen auf uralte Vorbilder zurück. Die Beete sind meist mit kleinen Hecken aus Buchs, Gamander, Lavendel, Katzenminze oder Mauerpfeffer eingefaßt. Im Weinbauklima kann man es auch mit dem duftenden silbrigen Heiligenkraut *(Santolina chamaecyparissus)* versuchen. Eine zuverlässig winterharte Alternative dazu ist der erstaunlich schnittverträgliche Spindelstrauch *(Euonymus fortunei)* mit weißgrünen und gelbgrünen Sorten.

Zum Bauerngarten gehören auch die stimmungsvolle Laube, eine Pergola oder zumindest ein Rosenbogen. Bis robuste Kletterrosen die Bögen erklommen haben, wie etwa die zartrosa 'New Dawn', die cognacfarbene 'Alchymist', die leuchtendrote 'Flammentanz' oder 'American Pillar' mit ihren einfachen rot-weißen Schalenblüten vermitteln bereits einjährige Winden wie die himmelblaue Kaiser-

Buchsgesäumte Beete bilden einen grünen Rahmen für intensiv genutzte Gemüsebeete.

77

winde *(Ipomoea tricolor)* oder die bunte Prunkwinde *(Pharbitis purpurea)* in Windeseile ein Gefühl wie in »1001 Nacht«. Wer das Angenehme mit dem Nützlichen verbinden will, kann über die Bögen auch üppige rote Feuerbohnen oder saftige Brombeeren leiten. Hier wäre auch Platz für süßen Wein oder Ki-

wis. Die »Bayernkiwi« *(Actinidia arguta* 'Weiki') ist widerstandsfähig gegen starken Frost. Daß die zuckersüßen Früchte nur Stachelbeergröße erreichen, machen sie durch reichen Ertrag wieder wett. Ziehen sich die Rundbögen in Hausnähe hin, bietet es sich an, nach Großmutter-Art Spaliere von Birnen, Äpfeln, Pfirsichen und Wein im Viertelkreis ans Haus zu führen. Auf diese Weise entsteht eine schattige Laube, in der man sich an heißen Tagen ausruhen kann.

Die Vierteilung im Nutzgarten hat sich bewährt. Schon wegen des Fruchtwechsels. Wer Gemüse oder Blumen immer an der gleichen Stelle anbaut, wird bald unter Schäden zu leiden haben. Der Boden ermüdet, Pilzkrankheiten breiten sich aus, Fadenwürmer (Nematoden) verursachen beinige Möhren, die Erdbeeren wollen nicht wachsen und auch die Erbsen kommen nicht in Fahrt. Pflanzen entziehen dem Boden einseitig Nährstoffe. Sie können auch ihr Areal durch Ausscheidungen selber vergiften. Nur wenige Gemüse wie z. B. Tomaten sind dagegen gefeit. Wechseln der Beete in 4-jährigem Rhythmus tut daher gut. Auch schon aus Gründen des Nährstoffentzugs.

In dem hier gezeigten Bauerngarten rotiert alles entgegen dem Uhrzeigersinn.

Mit Rankelementen und Rosenbögen wird der Garten zum grünen Raum. Die wüchsige Kletterrose 'American Pillar' blüht einmal, dafür aber reich.

Das Mittelzehrer-Beet im Frühling mit Spinat, Stielmus, Rettichen, Radieschen und Möhren.

● Im **1. Jahr** wurde durch **Gründünger** und Mist, Patentkali oder Hornspäne (100–150 g/m²) die Grundlage für anhaltende Fruchtbarkeit gelegt.

● Im **2. Jahr** profitieren **Starkzehrer** davon. Kohlgewächse wie Weißkohl, Rotkohl, Brokkoli, Blumenkohl und Kohlrabi werden im Sommer abgelöst durch Chinakohl und Pak Choy, den chinesischen Senfkohl. Mangold, Lauch und Tomaten stehen als Dauerkulturen in der alternativen Variante.

● Im **3. Jahr** sät man **Mittelzehrer** wie Möhren, Petersilie, Spinat, Mairüben, Rettich und Kopfsalat auf diese Parzelle. Ertragreiche Stangenbohnen und Zuckermais folgen als Dauerkulturen im Sommer, Petersilie bleibt über den Winter stehen. »Eisfrisée«, eine neue Kreuzung mit knackigem Eissalat, liefert wochenlang immer frischen Salat. Füllkulturen wie Radieschen, Schnittsalat oder Feldsalat als Resteverwerter können Sie bei Gelegenheit überall dazwischenschieben.

● Das **4. Jahr** sieht Schnitt- und Pflücksalate, Kräuter wie Petersilie, Salatrauke und Gartenkresse, sowie die aromatischen Mairüben 'Market Express' aus Japan. Alle sind **Schwachzehrer**, die wie Feldsalat als Resteverwerter von dem leben, was andere Kulturen übrig ließen. Ideale Bedingungen sind das für Hülsenfrüchte wie nahrhafte Bohnen und süße Zuckerschoten der Sorte 'Crispi', die man ganz jung samt zarter Hülsen verspeisen, frisch vom Strauch naschen oder auspalen und einfrieren kann. Im Herbst folgen Rettiche und Endivien, als Alternative auch Rettich und Feldsalat, der bis ins zeitige Frühjahr hinein geerntet werden kann. In Symbiose mit Bakterien lebend, fangen die Hülsenfrüchte den Sauerstoff der Luft ein und leiten ihn in die Wurzelknöllchen. Bodenbakte-

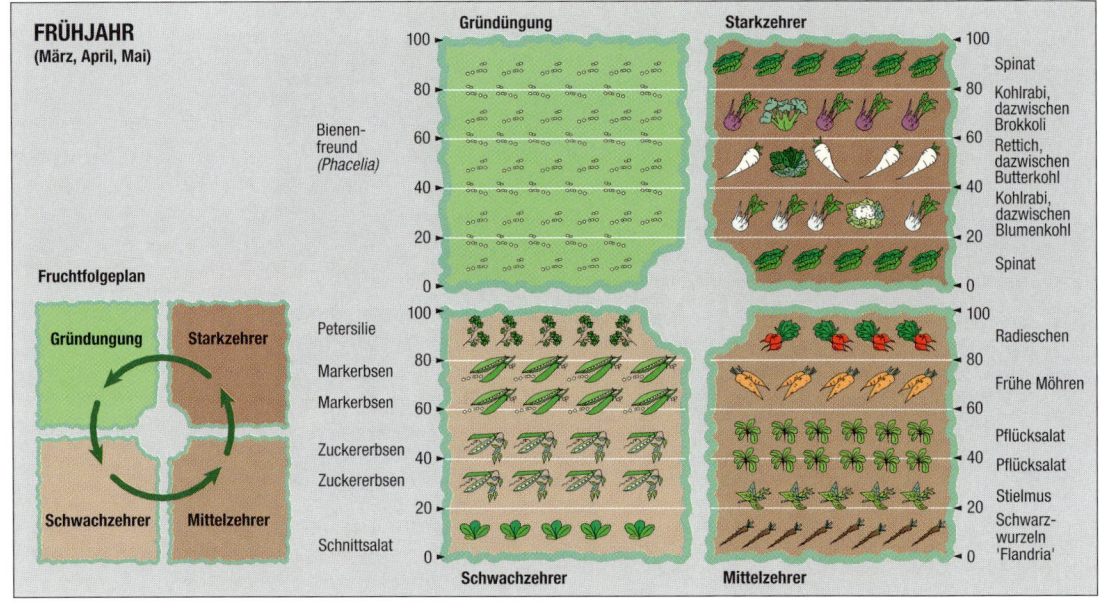

FRÜHJAHR
(März, April, Mai)

Gründüngung

Starkzehrer

100
80
60
40
20
0

100
80
60
40
20
0

Bienen-
freund
(Phacelia)

Spinat
Kohlrabi,
dazwischen
Brokkoli
Rettich,
dazwischen
Butterkohl
Kohlrabi,
dazwischen
Blumenkohl
Spinat

Fruchtfolgeplan

Gründungung   Starkzehrer

Schwachzehrer   Mittelzehrer

Petersilie
Markerbsen
Markerbsen
Zuckererbsen
Zuckererbsen
Schnittsalat

100
80
60
40
20
0

100
80
60
40
20
0

Radieschen
Frühe Möhren
Pflücksalat
Pflücksalat
Stielmus
Schwarz-
wurzeln
'Flandria'

Schwachzehrer   Mittelzehrer

rien wandeln ihn in pflanzenver-
fügbare Formen und lagern ihn ein.
Stirbt die Pflanze ab, profitieren
nachfolgende Kulturen vom hohen
Vorfruchtwert.

Zur gleichen Familie der Schmetterlingsblütler zählen neben Buschbohnen, Stangenbohnen, Puff-
und Feuerbohnen auch Klee und

Lupinen. Beide sind beliebte Grün-
düngerpflanzen.

● Im **5. Jahr** sorgt **Gründünger** dafür,
daß sich der Boden erholt: mit der
Aussaat von Buchweizen im Frühjahr, gelben, weißen oder blauen Lu-
pinien, Ölrettich, Senf oder Bienenfreund (Phacelia) im Sommer und
Herbst. Winterwicken und Serradel-
la (Ornithopus sativus) schützen über
den Winter vor Auswaschung und
Erosion. Man sät locker verteilt breitwürfig aus und harkt den Samen
leicht ein. Sobald die Pflanzen zu
blühen beginnen, wird die grüne
oder schon abgefrorene Pflanzenmasse in den Boden eingearbeitet.
Wer noch Gelegenheit hat, an abge-
lagerten Mist zu kommen, kann auch
mit einem solchen Nährstoffpaket
oder mit 200 g/m² eines organischen
Volldüngers ausgezehrtem Boden die
alte Kraft zurückgeben.

*Das Starkzehrer-Beet im
Sommer. Vom Pflücksalat
wird geerntet, die Tomaten
reifen heran.*

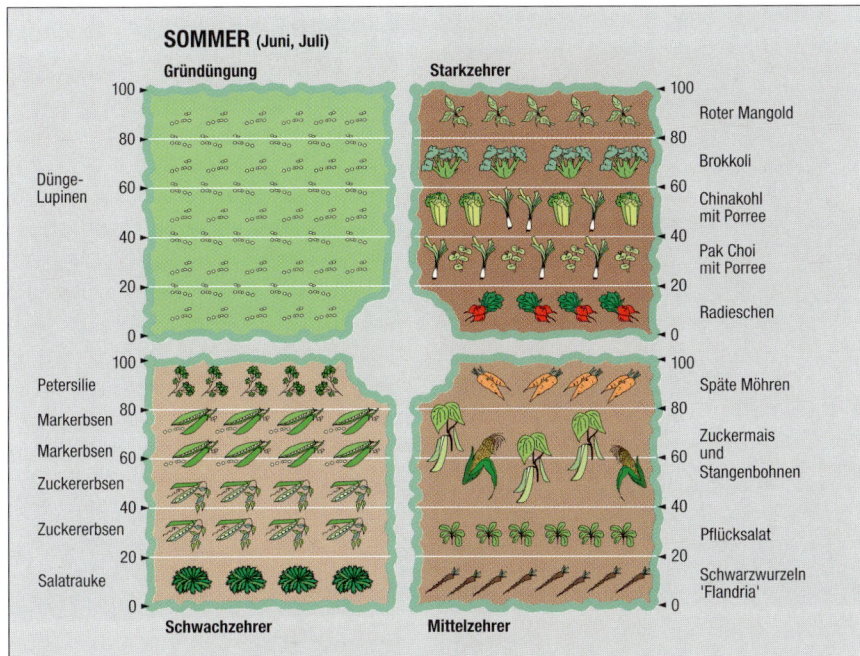

SOMMER (Juni, Juli)

Gründüngung

Starkzehrer

Dünge-Lupinen

Petersilie
Markerbsen
Markerbsen
Zuckererbsen
Zuckererbsen
Salatrauke

Schwachzehrer

Mittelzehrer

Roter Mangold
Brokkoli
Chinakohl mit Porree
Pak Choi mit Porree
Radieschen
Späte Möhren
Zuckermais und Stangenbohnen
Pflücksalat
Schwarzwurzeln 'Flandria'

Im Sommer erntet man Erbsen und Salat, Kohlrabi und Blumenkohl. Stangenbohnen wachsen heran.

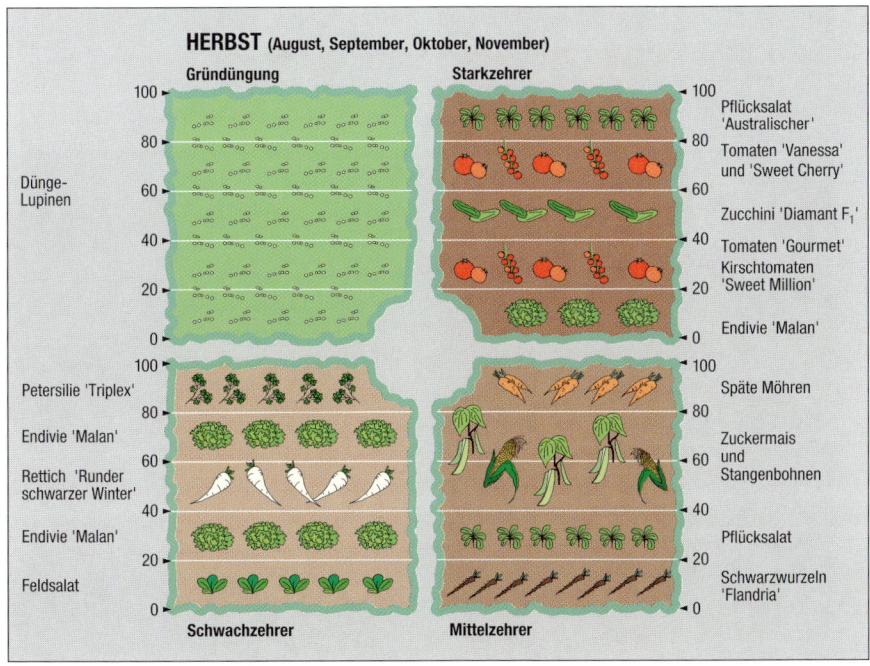

HERBST (August, September, Oktober, November)

Gründüngung

Starkzehrer

Dünge-Lupinen

Petersilie 'Triplex'
Endivie 'Malan'
Rettich 'Runder schwarzer Winter'
Endivie 'Malan'
Feldsalat

Schwachzehrer

Mittelzehrer

Pflücksalat 'Australischer'
Tomaten 'Vanessa' und 'Sweet Cherry'
Zucchini 'Diamant F$_1$'
Tomaten 'Gourmet' Kirschtomaten 'Sweet Million'
Endivie 'Malan'
Späte Möhren
Zuckermais und Stangenbohnen
Pflücksalat
Schwarzwurzeln 'Flandria'

Schnellwüchsige Herbstkulturen folgen. Die Stangenbohnen-Ernte dauert wochenlang an.

Lupinen als Gründüngung sammeln Stickstoff im Boden und bringen damit neue Fruchtbarkeit.

Große Ernten von kleiner Fläche

Im Vierfelder-Garten gibt es stets viel zu ernten. Zehn Kilo Tomaten, fünf Kilo Stangenbohnen, jede Menge Salat und drei Kilo zuckersüße Erbsenschoten, jeweils von einem einzigen Quadratmeter. Damit alles verständlicher ist, zeigt das Schema auf Seite 81 Parzellen von 1 x 1 m Größe. Auch damit kann man dank ausgefeilter Mischkultur vorzüglich gärtnern.

Soll der Garten mehr hergeben, werden einfach mehrere Parzellen eingeplant. Erst vor kurzem wurde dieser Bauerngarten angelegt. Er besteht aus vier Beeten, die jeweils 2 x 2 m groß sind. Insgesamt ergeben sich daraus 16 m². Eine solche Anlage paßt überall hin – vor allem in schmale Reihenhausgärten. Die Oberflächen sind mit Rasenmulch gegen Austrocknen geschützt. Das macht alles pflegeleicht.

Zuckererbsen bringen reichen Ertrag und sammeln gleichzeitig Stickstoff.

MIT HÜGELBEETEN ABFÄLLE SINNVOLL VERWERTEN

Schnittreste von Hecken, Ziersträuchern und Apfelbäumen, das viele Laub im Herbst und dann noch jede Menge von verwelkten Blättern, Trieben, Blumensträußen und was sonst noch so anfällt im Garten – es kommt vieles zusammen, und die Quantitäten können schon beachtlich sein. Verbrennen ist mit Recht verboten, die Komposttonne so-

Im Hügelbeet profitieren die Pflanzen optimal von freiwerdenden Nährstoffen und Sonnenlicht.

wieso schon voll, ein Schredder noch nicht in Sicht – da kommt ein Hügelbeet sehr gelegen.

Hügelbeete verwerten all das. Bei der Umsetzung sind Milliarden von Organismen und Kleintieren tätig, allen voran der Regenwurm, der organische Masse sorgfältig zerkaut. Mit Nährstoffen angereichert, verläßt die krümelige Masse den flexiblen Leib und wird zu fruchtba-

rem Kompost. Käfer, Springschwänze, Asseln, Pilze und Mikroben sind eifrig am Werk. Was herauskommt, ist letztendlich fruchtbarer Kompost, der den Pflanzen zur Ernährung dient. Dabei entsteht durch die Umsetzungstätigkeit der Kompostbakterien angenehm milde Wärme, die den Pflanzen gut bekommt. Vor allem bei der Jungpflanzenanzucht, beim Keimen der Samen und für die Kultur von Gurken, Melonen oder anderen südländischen Gewächsen läßt sie sich gut nutzen.

Hügelbeete sind wie Hochbeete ideale Abfallverwerter. Die Unterschiede liegen in der Bauweise.

Hügelbeete – eine chinesische Erfindung

Chinesen sollen, dem Vernehmen nach, die intensive Kultur auf den nährstoffspendenden Erdhügeln erfunden haben. Viel Ertrag auf kleinem Raum, Mischkulturen und eine elegante Beseitigung der vielen Abfälle, die das Jahr hindurch im Garten anfallen – in der Tat, das Hügelbeet ist eine perfekte Lösung.

Und so wird es gemacht:

Suchen Sie einen sonnigen Platz im Garten, ca. 180 cm breit und 4–6 m lang (er darf auch etwas schmäler oder länger sein). In Nord-Süd-Richtung wird nun eine spatentiefe Mulde ausgehoben. Falls es im Garten Probleme mit den gefräßigen Wühlmäusen gibt, sollten Sie den Untergrund vorsichtshalber mit einem engmaschigen Netz von Maschendraht auslegen. In dem

Mischkulturen nutzen jedes Plätzchen intensiv aus. Wird der Spinat geerntet, folgen anschließend Salate und Zwiebeln.

Material, aus dem das Hügelbeet entsteht, fühlen sich die Nager nämlich besonders wohl.

Ein Kern aus grob zerkleinerten Ästen, Stämmen oder Zweigen wird dicht geschichtet und ummantelt mit Rasensoden, Staudenresten, Grasschnitt, Laub oder Stroh. Was an organischem Abfällen anfällt, kann hier gut verstaut werden. Wenn es daran fehlt, kann man für den Kern auch Strohballen nehmen, sollte sie allerdings gut anfeuchten. Das Hügelbeet entspricht einem Komposthaufen, auf dem es munter wächst. Samentragende Wildkräuter, tierische Abfälle, Asche und bedrucktes Papier gehören daher nicht ins Hügelbeet. Die nächste Schicht besteht aus halbverrottetem Frischkompost. Den krönenden Abschluß bildet dann eine dicke Schicht aus Reifekompost und Gartenerde, die mit organischem Dünger angereichert wurde, damit es auf dem ca. 80 cm hohen Hügel von Anfang an gut wächst. Wichtig: alle Schichten jeweils gut festklopfen!

Empfehlenswert: Die Hügelkrone erhält eine wohlgeformte Delle, damit das Gießen nicht zum Problem wird. Man kann von Anfang an auch einen Sprühschlauch auslegen, damit das Hügelbeet immer schön feucht bleibt und – vor allem auf sandigem Boden – nicht austrocknet. Auch sonst ist eine Art Terrassierung angebracht, sonst rinnt das Gießwasser zu schnell und ungenutzt bergab. Schon bald wird sich durch die biologische Aktivität der Mikroben Wärme entwickeln, die Umsetzung beginnt. Ist das Hügelbeet anfangs noch ca. 80 cm hoch, sackt es nach und nach zusammen, bis es sich nach 3–4 Jahren der Umgebung angeglichen hat. Doch bis dahin sind sicherlich schon weitere Hügel entstanden.

Ein Rahmen aus Salatraube, Spinat oder Basilikum im Sommer sieht immer ansprechend aus. Farbige Salate bringen Abwechselung.

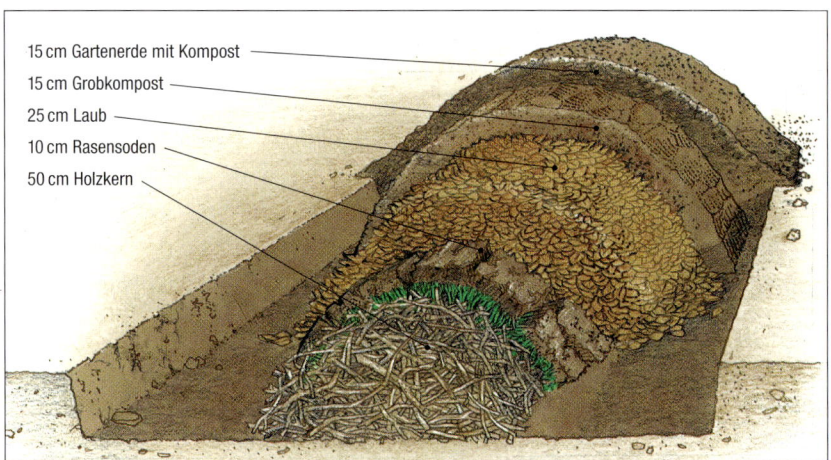

15 cm Gartenerde mit Kompost
15 cm Grobkompost
25 cm Laub
10 cm Rasensoden
50 cm Holzkern

So sieht der Aufbau eines
Hügelbeetes aus.

Optimal ist eine Anlage von vier Hügelbeeten, entsprechend dem **Fruchtfolgeschema** Starkzehrer – Mittelzehrer – Schwachzehrer – Dauerkulturen (z. B. Erdbeeren). Auf ihr bieten sich die verschiedenen Mischkulturen an – von Salat, Rettich, Radieschen, Kohlrabi und Salat über Möhren, Zwiebeln , Tomaten, Gurken, Knoblauch und Kohl bis hin zu Lauch, Pak Choi, Chinakohl, Feldsalat, Sellerie und Endivien im Herbst. Besonders gut und zierend macht sich eine Umrandung mit Schnitt- und Pflücksalat, Gartenkresse, Salatrauke, Feldsalat oder Kräutern wie Basilikum oder Majoran und Bohnenkraut. Ein paar Beetpflanzen dazwischen, wie Studentenblumen, Leberbalsam oder Fleißige Lieschen, lockern die Variation in Grün optisch auf. Gut macht sich auch eine Umrandung mit Saatbändern (niedrige Wildblumenmischung, Basilikumhecke, Romantikblumen) oder Kapuzinerkresse, vor allem mit nicht rankenden Sorten wie 'Whirlybird' oder 'Juwelen-Mischung'. Aber auch Salatsorten, die in der Farbe wechseln (z. B. rotblättrigem 'Lollo Rossa' und grünem 'Lollo Bionda' oder grün- und rotblättrigem Romanasalat), sind einfache und wirkungsvolle Mittel, um die Hügelbeete interessanter zu gestalten.

Hügelbeete sind auf allen schweren, nassen Böden von großem Vorteil, besonders in Hanglagen kann man mit ihnen besser gärtnern. Nur auf sandigen, sehr leichten Böden werden auch die Nachteile klar: Sie entwässern sich sehr leicht. Das Gießen kann dort problematisch sein, wenngleich sich mit Mulchen oder eine Abdeckung mit Schlitzfolie sowie mit Bewässerungssystemen so mancher Ausgleich schaffen läßt.

HOCHBEETE –
BUNT UND VIELFÄLTIG

Wären Hochbeete nicht schon Jahrhunderte alt – man müßte sie neu erfinden. Hochbeete haben wieder Konjunktur. Man findet sie in Kleingärten und Hausgärten, aus unbehauenen Holzstämmen errichtet oder aus glattgehobelten, vorgefertigten Elementen zusammengefügt, viereckig oder sechseckig. Aus Ziegeln gemauert oder als praktische Gartenbank mit Kräuterbeet oder Blumen.

Die praktischen, nach oben und unten offenen Kästen lösen viele Probleme. Sie ermöglichen:

● Reiche Ernten auf ganz wenig Platz.

● Resteverwertung von Ästen, Laub und halbreifem Kompost – denn daraus ist ihr in 3–5 Jahren verrottendes Inneres geschichtet

● Schnelles Wachstum und frühe Ernten, weil sich selbst schwere Erde leicht erwärmt

● Bequemes Bearbeiten und Ernten aus ca. 1 m Höhe.

Im Gegensatz zu den trapezförmigen Hügelbeeten sind Hochbeete dauerhafte Konstruktionen. Weil man sie leicht mit dem Rollstuhl umfahren kann, sind sie vor allem bei Behinderten gerne gesehen. Und nicht nur ältere Menschen schätzen das entspannende Pflegen der Kulturen nach der Arbeit, bei einer Tasse Kaffee oder beim einem Glas Bier. Anstatt gegen ein größeres Areal anzukämpfen, konzentriert man sich auf wenige Quadratmeter und pflegt diese ordentlich. Wie die Beispiele beweisen, kann sich der Ertrag trotzdem sehen lassen.

Hochbeete sind bequem – man braucht sich nicht zu bücken. Säen, ernten und genießen kann man sogar im Sitzen. Außerdem wandeln sie Abfälle in Humus um.

Hochbeete mit Gemüse in Mischkultur

Klein, aber fein – Hochbeete eignen sich prächtig für Mischkulturen, denn alle Dimensionen lassen sich nützen. Die Höhe mit Paprika, Knoblauch und Tomaten an Stäben, die Fläche mit Brokkoli, Blumenkohl, Porree, und zarten Salaten. Die Ränder zieren allerhand Kräuter, von Schnittlauch über Bohnenkraut, Kerbel und Thymian bis Oregano. Über den Rand baumeln noch Rankgewächse wie Gurken, Kürbisse und immertragende Erdbeeren.

Farbige Gemüse tragen ebenfalls zur Abwechselung bei. Blaue Kohlrabis, silbrige Artischocken mit blauen Blüten, Paprika und Tomaten in auffälligen Tönen. Rote Eis-, Kopf- und Pflücksalate (z. B. 'Lollo Rossa'), Radicchio, Blauer Blumenkohl und Brokkoli, Porreestangen für den Winter – die Liste ist lang. Dazu als Kontrast filigraner Fenchel.

Ungünstige Nachbarn
Auch im Pflanzenreich gibt es Nachbarn, die sich nicht riechen mögen. Vermeiden Sie deshalb Kombinationen von:
- Gurken mit Sellerie, Rettich
- Gurken mit Kohl, Roten Rüben
- Möhren mit Roten Rüben
- Tomaten mit Kartoffeln, Fenchel
- Tomaten mit Bohnen, Erbsen
- Petersilie mit Sellerie, Salaten
- Porree mit Bohnen, Erbsen, Rüben
- Zwiebeln mit Porree.

Alle anderen Gemüse harmonieren miteinander.

Nicht allzu hohe Tomaten (Buschformen sind bevorzugt), Sellerie, Lauch, Salate (vor allem Pflücksalate, geerntet wird Blatt für Blatt) und Kohlarten bilden die hauptsächlichen Kulturen.

Besonders gut wachsen auf dem Hochbeet Kräuter und Pflanzen mit hängenden Trieben, wie mehrmalstragende Erdbeeren, Erbsen oder Gurken, sowie Kürbisgewächse wie Zucchini.

Beim Pflanzen gilt es, vor allem den Sonneneinfall zu beachten, damit keine Pflanze der anderen zuviel Licht wegnimmt. Hohe Pflanzen stehen daher im Norden, niedrigere in der Mitte und ganz vorn diejenigen mit niedrigem Wuchs oder hängenden Trieben.

Ein Hochbeet mit Gemüse bepflanzt. Kohlrabi und Salat stehen vor der Ernte.

Die richtigen Partner wählen

Damit Mischkulturen miteinander harmonieren und sich nicht gegenseitig unterdrücken, vermeidet man ungünstige Nachbarn. Eine Richtlinie gibt schon die Wuchsform: groblaubiger Kohl oder Zucchini lassen feinlaubige Gewächse nicht hochkommen. Umgekehrt gestattet es der Mais, daß an ihm Bohnen emporranken. Vorteilhaft ist auch die Vorkultur in Topfplatten oder Töpfchen, um schneller Lücken zu füllen.

Hochbeete mit Kräutern

Auch Kräuter sind gut für Hochbeete geeignet.

● **Borretsch** hält seine himmelblauen Blüten bis in den Spätherbst für nektarsuchende Insekten bereit. Die Blätter würzen grünen Salat und Gurkensalate, die Blüten eignen sich zum Dekorieren und als schmückende Zugabe in Cocktails.

Ein Hochbeet aus Halbstämmen und Pfosten. Blumen und Gemüse sind gemischt.

In Eiswürfeln eingefroren, stehen sie immer abrufbereit.

● **Ysop** ist ein Magnet für Schmetterlinge, Oregano ebenfalls. Ihr kräftiges Aroma paßt zu Fleischgerichten.

● **Bergbohnenkraut** ist mehrjährig und ausreichend winterhart. Es bedeckt sich im Juni mit Hunderten von Blüten. Sein Aroma ist kräftig, ein wenig pfefferig. Ideal zu allen Eintöpfen und Bohnengerichten.

Reiche Ernte liefert das Kräuterbeet. Auch die gelben Sammetblumen bieten würzige Blätter.

● Das silberblättrige **Heiligenkraut** (*Santolina chamaecyparissus*) hat gelbe Blütenkissen zu offerieren. Der kräftige Duft vertreibt Fliegen.

● Duft, Nutzen und dekorative Schönheit findet man auch beim **Basilikum**. Neben den niedrigen, feinblättrigen Buschsorten sind es die rostroten Blätter und violetten Blütchen der Sorten 'Moulin Rouge' und 'Opal', die zu Studentenblumen *(Tagetes)* und Gemüsen kontrastieren. Basilikum ist die ideale Würze für Tomaten, Pizzas und Mozzarellakäse.

● Von **Pfefferminze** gibt es herrlich aromatische Arten, für Tees, Lamm- und Fleischgerichte sind sie unverzichtbar. Basilikum-, Zitronen- und Orangenminze lohnen das Ausprobieren. Ihre Ausläufer durchdringen die Nachbarpflanzen. Man sollte sie daher immer nur in Töpfen einsenken.

● **Petersilie** gehört in jede Kräutersammlung, ebenfalls Pfefferminze, für Tees und raffinierte Soßen.

● **Zitronenmelisse** empfiehlt sich wegen ihres intensiven Zitronengeschmacks, nicht nur für Tees, sondern auch für Salate und alles, wofür man Zitronenaroma gebraucht.

● **Currykraut** *(Helichrysum italicum* 'Silbernadel'*)* wirkt mit seinen starren Trieben fast das ganze Jahr attraktiv und liefert willkommene Würze für Frühlingsrollen, Suppen und asiatische Gerichte aus dem Wok.

● Am Rand kann sich mit buschigem, niedrigem Wuchs Thymian entfalten. Besonders empfehlenswert ist **Zitronenthymian** (*Thymus 3 citriodorus*) mit seiner hocharomatischen Duftkombination. Im Winter braucht er Schutz durch eine Reisigabdeckung.

● Ein wichtiger Nebeneffekt: Kräuter wehren mit intensiven Düften Schädlinge ab.

Blumen sorgen für Effekte

Sieht schon Gemüse allein dekorativ aus, so steigert sich die Wirkung noch, wenn Blumen dazwischen für Farbe sorgen. Die Bepflanzung lohnt sich mit Sommerblumen, Stauden, Steingartenbewohnern und Blumenzwiebeln.

Gut geeignet sind niedrige Beetpflanzen, die sich zwischen den Gemüsen in Nischen schmiegen oder ihren Platz an der Sonne finden wie Goldlack, Stiefmütterchen, Tausendschön und Vergißmeinnicht im Frühling. Selbst zarte Stauden wie Tränendes Herz oder Lupinen lohnen den Versuch.

Hochbeete gibt es auch in sechseckiger oder nierenförmiger Bauweise. Der Kreativität sind keine Schranken gesetzt.

Ein Hochbeet mit bunten Sommerblumen. Sogar für Sträuße reicht die Blütenpracht.

Im Sommer sind Blautröpfchen (*Nolana paradoxa*), Männertreu (*Lobelia erinus*), Mittagsgold *(Gazania hybrida)*, Portulakröschen (*Portulaca grandiflora*), Sommerazalee *(Clarkia amoena)*, Goldfieber *(Bidens ferulifolia)* und Fleißiges Lieschen *(Impatiens walleriana)* gut für Zwischenpflanzungen geeignet. Sie blühen gewöhnlich durch bis zum Frost.

Mehr in die Höhe streben zarte Sommerblumen wie der duftende Schöterich *(Erysimum allionii)*, Löwenmäulchen *(Antirrhinum majus)* und Blutströpfchen *(Adonis aestivalis)*. Zwergzinnien *(Zinnia angustifolia)* eignen sich gut für die Kultur in luftiger Höhe, selbst Sorten für den Schnitt. Schleierkraut-Arten (*Gypsophila repens* als Staude und *Gypsophila muralis* als Einjährige) sehen immer gefällig aus. Dankbare Dauerblüher sind Petunien, die kleinblütigen Sammetblumen *(Tagetes tenuifolia)* mit ihren dichten Blütenkissen, Duftsteinrich *(Lobularia maritima)*.

Im Spätsommer sind Astern an der Reihe. Wenn der Flor unansehnlich geworden ist, kann man mit preisgünstigen Topfchrysanthemen, Eriken oder Zierpaprika für ein neues prächtiges Aussehen sorgen. Die Reihe läßt sich beliebig fortsetzen und variieren, getreu dem Motto: Was beliebt, ist auch erlaubt. Man sollte lediglich den unterschiedlichen Wuchs beachten, damit sich Gemüse und Zierpflanzen nicht gegenseitig blockieren.

TIP

Hochbeete passen nicht nur in den Gemüsegarten. Man kann sie sogar als Gartenteich gestalten, als grüne Inseln inmitten von betonierten Hinterhöfen und auf Dächern, auf japanische, formale oder englische Art – der Phantasie sind keine Grenzen gesetzt.

Hochbeetpraxis

Hochbeete sind, trotz ihrer sonstigen Vorzüge, keine Erfindung aus unseren Tagen. Vielmehr verkörpern sie ein Stück alter Gärtnertradition. Betrachten wir Stiche mit Abbildungen alter Gärten in Mitteleuropa, die von englischen oder amerikanischen Siedlergärten, dann fallen uns immer wieder Hochbeete auf – nicht ganz so hoch wie heute, aber immerhin. Sogar die berühmten »Hängenden Gärten« der Semiramis muß man sich als kunstvolle Hochbeetanlage vorstellen.

Der Tunnel schützt Aussaaten und Gemüse wie Radies oder Möhren vor Schädlingen.

Unsere Vorfahren hielten Beete mit dicken, haltbaren Brettern im Zaum. Das schafft Ordnung, gestattet das Anlegen von Wegen, die man getrost mit einer Karre befahren kann, hält die Erde in Schach, bewahrt sie vor dem Herabfallen und entwässert sie. Die Poren, aus denen das Wasser rieselt, füllen sich mit Luft, die Erde erwärmt sich viel schneller – dadurch kommt die segensreiche Tätigkeit der Bodenlebewesen in Gang, Humus entsteht, Stickstoff und Kohlendioxyd werden nutzbar und letztendlich steht den Pflanzen ein nährstoffreicher, lockerer Boden zur Verfügung, in dem sie prächtig gedeihen. Durch diesen eigentlich einfachen Zusammenhang erklären sich die spektakulären Erfolge und die hohen Erträge, die mit den fruchtbaren Hügeln erzielt werden.

Gartenabfälle auf elegante Art verwerten

Hochbeete erfüllen aber noch weitere Zwecke. Ähnlich wie die Hügelbeete (siehe Seite 83) verwandeln sie auf elegante Weise Äste, Zweige, Laub und Rasensoden in ein kribbelndes, sich erwärmendes, aktives Paradies für Tausendfüßler, Asseln, Mikroben, Pilze und Kompostwürmer, die mit ihrer Tätigkeit Gartenabfälle in fruchtbaren Kompost umwandeln.

Anfänglich erfordern sie zwar Arbeit – schließlich entsteht eine solche Konstruktion nicht von allein –, aber dafür wird der Gartenbesitzer mehrere Jahrelang mit Bequemlichkeit belohnt.

Der Aufbau – einfach, aber durchdacht

Der äußere Rahmen besteht aus ca. 80–100 cm hoch geschichteten Stämmen oder Palisaden, in haltbarerer Version aus vorgefertigten, umweltfreundlich imprägnierten Holzsegmenten, die ineinander gefügt werden oder bei käuflichen Exemplaren aus Recyclingmaterial, Metall oder Kunststoff. Man kann ein Hochbeet auch mauern oder aus Hohlblocksteinen zusammenstellen.

Die Konstruktion kann so lang sein wie gewünscht. Praktisch sind 5–7 m Länge. In der Breite haben sich 120 cm bewährt, so kann man von beiden Seiten gut heran, um die nötigen Arbeiten vorzunehmen. Eine Ost-West-Lage läßt die Pflanzen den ganzen Tag lang von der Sonne profitieren.

Am Hang, auf steinigem, magerem Boden, auf Beton, Terrassen und in ungünstigem Gelände, wo sonst nichts wächst, kann man mit Hochbeeten dennoch gärtnern.

So entsteht ein Hochbeet

Zunächst wird eine spatentiefe Mulde gegraben, die man mit Maschendraht gegen die Wühlmäuse auslegt und an den beiden Seiten hochzieht. Als Rahmen für größere Hochbeete können Sie preisgünstige Schwartenbretter, Rundhölzer, Kanthölzer oder Balken verwenden. Die Ecken werden verdübelt oder verschraubt. Das Innere besteht aus Holzresten, Zweigen, Grünabfällen, Laub. Darauf kommt – wenn verfügbar – eine Schicht aus grob verrottetem Mist, Gartenboden oder Schreddermaterial, das bald verrottet. Die Pflanzen gedeihen in fruchtbarem Kompost, der mit einer 30 cm dicken Schicht den Abschluß bildet. Wenn sich im Laufe der Zeit das Erdniveau senkt, wird mit Frisch- oder Reifekompost wieder ausgeglichen.

Hochbeete kann man selbst bauen. Dieses Modell entstand aus Profil- und Kantholz.

Hochbeet aus Profilholz

Die Beispiele auf Seite 87–92 zeigen die vielseitige Nutzung. Eins dient als Blumenbeet, das andere beherbergt Kräuter, ein weiteres bietet Platz für die Anzucht der Blumen im Frühling, der Gemüsepflanzen, Stauden und Zweijährigen im Sommer. Ungenützter Platz wird mit leckeren Karotten, Radieschen oder Rettichen belegt, die unter einem Tunnel aus Drahtbögen und Vlies oder Kulturschutznetz giftfrei in bester Qualität reifen. Das Gemüsebeet liefert im Sommer frischen Salat, Erdbeeren, Kohlrabi, Fenchel, Lauch oder Radieschen knackfrisch auf den Tisch, unerreichbar für Schnecken. Gurken ranken herab, Tomaten recken sich in die Höhe. Duftende Blumen und Kräuter vereinen sich in Mischkultur – alles dekorativ in Augen- und Nasenhöhe. Wird es dazu noch flott angestrichen, kann das Hoch-

So entsteht ein transportables Hochbeet :

① Mit den Seitenwänden wird begonnen. Alle Teile zunächst passend zusägen und zur Kontrolle auslegen.
② Kanthölzer bilden den Rahmen. Profilholzbretter werden im rechten Winkel verschraubt.
③ Zwei Kanthölzer in der Mitte halten das Ganze zusammen. Mit langen Kreuzschrauben von außen verschrauben.
④ Die Fronten werden montiert. Genau im Winkel arbeiten, dabei gewinnt die Konstruktion Stabilität.
⑤ Verzinkter und ummantelter Kaninchendraht hält am Boden Wühlmäuse ab, ist aber für nützliche Regenwürmer offen.
⑥ Umweltfreundliches Recycling im Hochbeet: Grobe Äste kommen nach unten, feinere Zweige, Laub und Grünabfälle folgen, in Kompost wird dann gesät und gepflanzt.

⑦ Der Tunnel ist mit Kulturschutznetz bespannt, unter dem Jungpflanzen und appetitliches Gemüse unerreichbar für Schädlinge heranwachsen.

Materialliste:
18 Profilbretter, 145 x 20 mm
6 Latten für Rahmen,
60 x 40 mm
4 Bretter für den Rand,
140 x 15 mm
4 m Winkelleisten, 30 x 30 mm
2,5 m Kaninchendraht
Dazu: Schleifpapier, Verbundblech für den Rahmen
Messing-Kreuzschlitzschrauben
3,0 x 40 mm, 4,0 x 100 mm,
3,0 x 16 mm
Nägel und Landhausfarbe
evtl. 2 m³ Kompost

Maße: Länge 200 cm,
Breite 80 cm, Höhe 90 cm

Werkzeug: Akkuschrauber,
Bohrer, Stichsäge, Hammer,
Tacker, Zange, Pinsel.

Materialkosten: ca. 250 DM

Die äußeren Rahmen
werden zunächst
vorgebohrt und dann
verschraubt.

Alle Teile werden passend
zugesägt und damit
nichts fehlt, zur Kontrolle
ausgelegt.

Durch das Verschrauben
der Profilbretter an
den Stirnseiten erhält das
Ganze Halt.

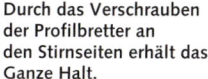

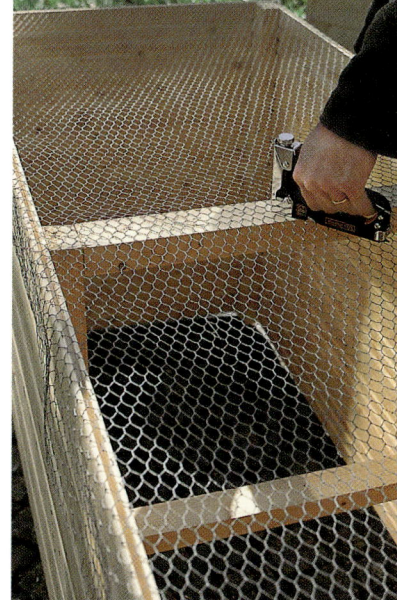

Gegen das Eindringen
von Wühlmäusen bietet
am Boden angetackerter
Maschendraht Schutz.

beet ein wahres Schmuckstück sein. Trendfarben sind (vornehm englisch) ein dunkles Grün, heiteres Sonnengelb oder aufmunterndes Royal Blau. Achten Sie auf pflanzenfreundliche Farben (unser Beispiel: Landhausfarbe von Osmocote) und verwenden Sie nur umweltfreundlich imprägniertes Holz. Bleibt das Hochbeet »ganz Natur«, schützt eine Folie auf der Innenseite vor Verwitterung.

Unser Hochbeet braucht ganz wenig Platz. Mit knapp 2 m² paßt es in den kleinsten Garten und sogar auf die Terrasse. Bei intensiver Bepflanzung hat eine 2-köpfige Familie Mühe, all das frische Gemüse aufzuessen. Und für einen Kräuter-

garten oder Blumen reicht es allemal. Für Stabilität sorgt ein Rahmen aus Vierkant-Latten. Profilbretter sind außen schnell verschraubt. Sie sehen zudem gut aus. Die Konstruktion ist so leicht, daß man sie mit zwei Personen transportieren kann. Extra breit ist der umlaufende Rand gestaltet. Er bietet Platz für alles, was man zum Gärtnern braucht: Pflanzen, Samentüten, Handschaufel, Kralle und, zur Erfrischung, auch ein paar Gläser mit Saft oder Bier.

Sind Hochbeete erst einmal gefüllt, machen sie kaum Arbeit. Sie sind ideal für Jung und Alt. Wer sich das Gießen ersparen will, installiert eine automatische Bewässerung.

Grünabfälle verwandeln sich in Humus. Auf Strauchwerk folgt Häcksel, dann Kompost.

ENERGIE SPEICHERN IM KRATERBEET

Warum müssen Beete immer nur eckig sein? Kraterbeete sehen wie überdimensionale Schüsseln aus. Die kreis- oder ellipsenförmigen Konstruktionen haben sich nicht nur im Weinbau auf Lanzarote bewährt, wo sie gleichzeitig Wärme speichern, Feuchtigkeit kondensieren und mit Lava als lockerer Mulchschicht kein Unkraut aufkommen lassen. Bei uns eignet sich die muldenförmige Sonnenfalle vor allem für wärmeliebende Kulturen. Der Amerikaner Dr. Langham hat aus den Kraterbeeten ein System entwickelt, das er »**Circle Gardening**« nennt. Das ungewöhnlich starke Wachstum führt er auf das Anzapfen des Energiefeldes der Erde zurück. Nach seiner Theorie »füttert« auch der Wind, der über die Wälle streicht, die Pflanzen mit »Energiewirbeln«.

Ulrich Kowalewski aus dem regenreichen, windigen Siegerland griff die Idee auf und experimentiert seit Jahren mit Mischkulturen. Indem er in der Mitte einen Pfahl setzt und daran zeltartig Folie befestigt, entsteht ein mollig warmes, geschütztes Frühbeet, das den Pflanzen günstige Start-Bedingungen gewährt. Tomaten z. B. kann man so drei Wochen früher als üblich pflanzen. Steine in der Mitte erleichtern das Betreten und Bearbeiten.

Vor Wind geschützt, entwickeln sich wärmeliebende Kulturen im Kraterbeet optimal.

Gleichzeitig speichern sie Wärme und geben sie in den Nachtstunden wieder ab. Vor allem bei Nachtfrostgefahr kann dies von Bedeutung sein.

Auch wir haben auf wenig Platz, in unserem 3 m breiten und 60 cm tiefen Kraterbeet, ein erstaunlich üppiges Wachstum beobachten können. Wer sich wie ein Maulwurf in den Boden gräbt und ringsum 30–40 cm hohe Wälle aufwirft, nutzt nämlich jedes bißchen Ener-

gie, jeden wärmenden Sonnenstrahl, er verfrüht und verlängert die Wachstumsperiode.

Dunkle Komposterde, lockere Bodenstruktur und eine gute Durchlüftung des Bodens verstärken diese Wirkung und kommen dem Pflanzenwachstum zugute. Je schwerer der Boden, desto günstiger wirkt sich die drainierende Wirkung des Gefälles aus. Insbesondere Gurken, Zucchini, Kürbisse, Tomaten und Auberginen, Melonen

Rund um einen Pflock wird zunächst der Kreis mit 2,5 – 4 m Durchmesser markiert.

Eine teilweise höhere Trockenmauer stützt die Erde und nimmt später würzige Kräuter auf.

und Kräuter wissen das zu schätzen und gedeihen selbst an der Küste, im Norden und in Höhenlagen – kurz, überall dort, wo das Klima sonst zu ungemütlich ist.

Mit überraschend hohen Erträgen bedanken sie sich für die (erträgliche) Mühe, die das Einrichten der Rundbeete zunächst einmal erfordert. In Verbindung mit ertragreichen Sorten kann das Beet so viel Gemüse erzeugen, daß man es kaum verwerten kann. Kraterbeete

lassen sich jahrelang nutzen. Aufwendigere Bauwerke können Schmuckstücke selbst mitten im Ziergarten sein.

Wie man ein Kraterbeet baut

Selbstverständlich soll das Rundbeet möglichst sonnig liegen, ausgerichtet nach dem optimalen Lichteinfall. Mit einem Pflock in der Mitte und einer Schnur läßt sich auf

Aus der Mitte wird die Erde 40-50 cm tief entfernt und ringsum als Wall aufgehäuft.

Über Trittsteine gelangt man zum Pflanzen, Pflegen und Ernten in die Mitte.

99

geharktem Boden leicht ein Kreis markieren. Seine Größe kann beliebig sein – praktisch sind 2–3 m im Durchmesser. Aus Steinen können Sie eine erhöhte Trockenmauer für die Kräuter aufbauen und damit die Schüsselwirkung noch verstärken. Notwendig ist dies nicht, denn Erdwälle genügen. Dann wird der Boden von innen nach außen geschaufelt und wallartig aufgehäuft. Die Tiefe richtet sich nach dem Durchmesser und liegt zwischen 40 und 80 cm. Zu steil sollten die Ränder nicht sein, sonst ergeben sich beim Pflanzen, Gießen, Mulchen und Betreten praktische Schwierigkeiten. Da die Bodenkrume im Inneren kaum belebt und fruchtbar ist, verbessert man die Erde mit reichlich dunklem Kompost, Hornspänen und organischen Düngern.

Säen und pflanzen

Gesät wird ringförmig in Rillen: Salate, Radieschen, Rettiche, Feldsalat und Spinat als Vor- oder Nachkultur. Dazu kommen die Kräuter, die als Mischkulturpartner gleichzeitig Schädlinge abwehren: Einjährige wie Basilikum und Bohnenkraut, Dill, Kerbel und Kresse und mehrjährige wie Thymian, Oregano, Ysop, Salbei oder Lavendel. Sie alle verschönern die intensive Kultur und bilden zugleich einen schützenden, intensiv duftenden Zaun. Gut geeignet sind Pflanzkulturen wie Zucchini (die »kletternde« 'Black Forest F_1' wächst über den Rand hinaus), Auberginen, Zucker-

und Wassermelonen, Paprika oder Knollenfenchel. Bei Gurken sind selbst vorgezogene Gewächshaus-Schlangengurken (z. B. die resistenten Sorten 'Euphya', 'Sandra' oder 'Flamingo') durch den Schutz des Kraters wüchsig genug für einen Aufenthalt im Freien. Zwei Pflanzen genügten, um an mehreren Trieben über 40 Früchte gedeihen zu lassen.

Auch Paprika 'Feher' (gelb) und 'Bell Boy' (grün/rot) trugen reichlich. Bei Tomaten eignen sich Buschsorten wie z. B. die kleinfrüchtige 'Tumbler' (extrem früh), 'Marzano' (eierfrüchtig) oder 'Balkonstar' (rund).

Fruchtwechsel und Mischkultur

Wer mehrere Kraterbeete hat, kann darin spezielle Mischkultur-Kombinationen unterbringen und im 4- oder 6-jährigen Rhythmus wandern lassen. Dabei kann man entweder nach **Pflanzenfamilien** vorgehen. Man verwendet also z. B.

- **Kreuzblütler** wie Kohlrabi, Weißkohl, Rotkohl, Rosenkohl, Blumenkohl, Brokkoli, Radieschen, Rettiche und Salatrauke,
- **Doldenblütler** wie Möhren, Sellerie, Petersilie, Dill, Pastinaken oder Kerbel,
- **Schmetterlingsblütler** wie Buschbohnen, Stangenbohnen, Erbsen, Spargelerbsen und Lupinen oder
- **Korbblütler** wie Kopfsalat, Pflücksalat, Endivien, Chicoree und Estragon. Dazu kommen Erdbeeren oder Kartoffeln als Sonderkulturen.

Alternative: Ein vierjähriger Rhythmus orientiert sich am **Nährstoffverbrauch.** Dabei pflanzt man
- im **1. Jahr** pflanzt man **Starkzehrer** wie Tomaten, Kohl, Sellerie oder Lauch,

- im **2. Jahr Mittelzehrer** wie Kopfsalat, Möhren und Zwiebeln,
- im **3. Jahr Schwachzehrer** wie Erbsen, Bohnen oder Feldsalat;
- das **4. Jahr** bleibt der **Gründüngung** vorbehalten.

So sieht der Pflanzplan für das gezeigte Kraterbeet mit 3 m Durchmesser aus. Viele wärmeliebende Gemüse finden hier einen günstigen Platz, Kräuter zieren den Rand.

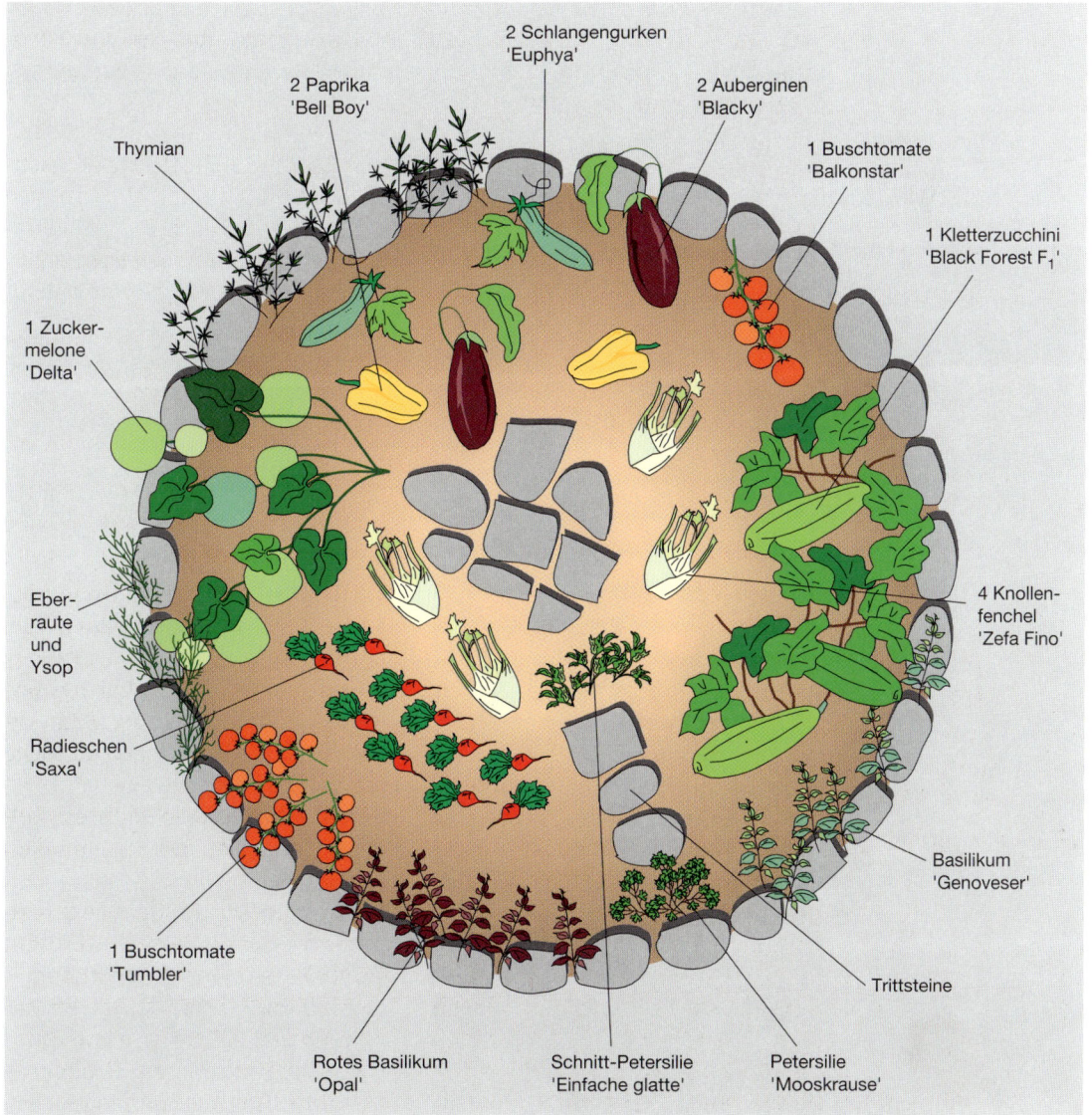

2 Schlangengurken 'Euphya'

2 Paprika 'Bell Boy'

2 Auberginen 'Blacky'

Thymian

1 Buschtomate 'Balkonstar'

1 Kletterzucchini 'Black Forest F$_1$'

1 Zuckermelone 'Delta'

Eberraute und Ysop

4 Knollenfenchel 'Zefa Fino'

Radieschen 'Saxa'

Basilikum 'Genoveser'

1 Buschtomate 'Tumbler'

Trittsteine

Rotes Basilikum 'Opal'

Schnitt-Petersilie 'Einfache glatte'

Petersilie 'Mooskrause'

ERDBEERTURM UND ERDBEERWIESE

Frische Erdbeeren, gerade geerntet und voller Aroma – da läuft einem das Wasser im Munde zusammen. Nicht zum Einmachen von Riesenmengen, sondern kleinere Quantitäten zum Vernaschen, für selbstgemachten Erdbeerkuchen, für Eisbecher, Kompott, für Cocktails und Bowle auf der Geburts-

Ein Terrakottatopf mit süßen, leuchtendroten Erdbeeren verlockt jeden zum Naschen.

tagsparty – dafür reichen die Mengen im Naschgarten, im Balkonkasten oder am Kletterspalier allemal. Den Vorzug verdienen neben den kleinwüchsigen, aromatischen Monatserdbeeren »richtige« Erdbeeren. Bei mehrfachtragenden Sorten verteilt sich die Ernte. Auf einen mittleren Ertrag zur Haupterdbeerzeit im Juni/Juli folgen weitere bis zum Frost.

TIP

Erdbeeren kann man fast das ganze Jahr über pflanzen, vorausgesetzt, sie sind in Töpfen vorgezogen und besitzen einen gehörigen Ballen. Humusreiche Pflanzerde und Hornspäne als langsam fließende Nahrungsquelle nicht vergessen!

Hängeerdbeeren in Blumenampeln

Dies ist sicher eine Attraktion, wenn die Pflanzen gut kultiviert und voller Früchte im Gartencenter zum Kauf verlocken. Wer sie gut gießt, düngt und pflegt, wird damit Erfolge haben. Meist landen die Pflanzen jedoch schon bald im Müll oder überstehen den Winter nicht, denn die Ampeln trocknen in luftiger Höhe leicht aus und dann ist es mit dem Nachwachsen schnell vorbei.

Das Problem: Die Körbe sind durchweg zu klein. Pflanzen Sie die Pracht daher bald in größere Körbe mit neuer Erde um, schließen Sie die Gefäße an eine automatische Be-

wässerung an und düngen Sie flüssig bis September alle zwei Wochen. Den Winter über sollten die Pflanzen geschützt, aber im Freien stehen und nicht austrocken.

Besser als in Ampeln sind Erdbeeren in einem Erdbeerturm untergebracht, den es von verschiedenen Herstellern gibt. Pflanzgefäße sind darin übereinandergestellt, was auch die Pflege erleichtert.

Der Kräuterturm aus Keramik, mit Erdbeeren oder Ziererdbeeren bepflanzt, ist eine gefällige Idee für die Terrasse. Ebenso die Pflanzwand aus Kunststoff oder Maschendraht (Löcher zum Pflanzen sind gleich vorgefertigt) – wer in einem Gartencenter stöbert, findet dort eine Menge an Ideen.

Spalier- oder Klettererdbeeren

Sie beeindrucken in Katalogen durch eine Fülle von Früchten. In der Praxis sind dann einige Abstriche fällig, aber der guten Sache tut dies keinen Abbruch. Wieder liegen die Probleme im Gießen und Düngen, denn um die vielen Seitentriebe, Blüten und Früchte zu versorgen, benötigen die Pflanzen von allem reichlich. Im Garten ausgepflanzt, erhalten sie im Frühjahr 70–100 g/m² organisch-mineralischer Beerendünger oder Langzeitdünger (Osmocote, Floranid u. a.), Dosierung nach Vorschrift. In Gefäßen wird die Erde alljährlich im Frühjahr gegen neue, nährstoffreiche gewechselt und zusätzlich alle zwei Wochen flüssig gedüngt.

Von Sommer bis Herbst tragen Monatserdbeeren viele kleine Früchte, auf Beeten und in Ampeln.

Platzsparend ist ein Erdbeerturm (System Beckmann) aus gestapelten Schalen.

So tragen die Erbeeren reichlich

Keine Erdbeere klettert wirklich. Vielmehr müssen die Pflanzen laufend an 120–150 cm hohen Spiralen, Pfählen, Maschendraht oder Rankgittern befestigt werden. Die beste Pflanzzeit ist im Spätsommer (August/September) und Ende März bis Mitte Mai. Frühjahrspflanzung bringt etwas weniger Ausläufer. Sie können dem entgegenwirken und die ersten Blüten bis Juni ausbrechen. Dann tragen die Pflanzen reicher und zwar von Mitte Juli bis zum Oktober.

Den Sommer über wachsen die Früchte fast in den Mund, zum Winter hin sind die alten Ausläufer abgetragen und werden entfernt. Nach zwei bis drei Erntejahren haben die Klettererdbeeren ihre Wuchskraft erschöpft und verlangen nach Erneuerung.

In gebrauchten Fässern können Hänge- und Ziererdbeeren ihre Qualitäten entfalten.

Erdbeeren im Gewächshaus

Haben Sie ein Gewächshaus? Dann sollten Sie einmal das Verfrühen probieren! Es gehört zu den besonderen Freuden des Gewächshausbesitzers. Schon ab April bis in den Juni, also weitaus früher als draußen, ernten Sie leckere Erdbeeren. Was man dazu braucht? Ein wenig Vorplanung, denn Pflanzen aus dem Freiland müssen rechtzeitig eingetopft werden.

Ideal ist eine Pflanzung im August, wenn sich die Erdbeeren ohnehin über Ableger vermehren. Neue, einjährige Pflanzen und bereits einmal abgeerntete bringen den besten Erfolg. Doch auch später noch, bis November, ist das Einpflanzen kräftiger Exemplare aus dem Freilandbeet möglich. Bis nach den ersten Frösten bleiben sie im Freiland eingesenkt und werden erst danach im Gewächshaus einer schwachen Treibwärme ausgesetzt (ca. 10 °C) oder ab Februar in ein ungeheiztes Haus geräumt. Die Pflanzen sollten so hell wie irgend möglich stehen, z. B. auf einem Hängebrett dicht unter dem Glas. Geben Sie ihnen Untersetzer oder stellen Sie die Töpfe auf ein Vlies, damit sie von unten reichlich Wasser saugen können. Ab Februar wird jede Woche leicht gedüngt (1–2 g Volldünger pro Liter).

Bald setzt danach die Blüte ein. Weil im Gewächshaus keine Bienen fliegen, muß der Blütenstaub mit dem Pinsel von von Pflanze zu Pflanze übertragen werden. Nur sehr frühe Sorten lohnen den Aufwand (u. a. 'Regina', 'Gorella', 'Cesena', 'Tenira', 'Marieva'). Stellen Sie die Töpfe hell, denn für einen guten, vollen Geschmack ist viel Licht entscheidend.

Erdbeeren als Bodendecker

Wer saftige, süße Erdbeeren ernten will, braucht keineswegs einen Nutzgarten. Ein Plätzchen findet sich im Ziergarten, in größeren Gefäßen, auf Böschungen, sogar un-

Das beste Aroma haben die zierlichen Walderdbeeren. Es gibt rote und weiße sorten.

ter Sträuchern am Gehölzrand oder rund um den Teich. Die Erdbeerwiese macht's möglich.

Erdbeeren sind von Natur aus Waldbewohner. Sowohl die amerikanischen Arten *Fragaria chiloense* und *Fragaria viginiana*, von denen unsere Gartenerdbeere *(Fragaria × ananassa)* abstammt, als auch die heimische Walderdbeere *(Fragaria vesca)*, besiedeln den Boden unter Gehölzen. Sie verwandeln ihn mit zahlreichen Ranken in einen dichten grünen Teppich, der keinerlei andere Vegetation durchläßt. Das Ernten der kleinen, aber sehr schmackhaften Wildfrüchte ist allerdings etwas mühsam.

Die Züchter haben sich deshalb bemüht, nicht nur die Größe zu verbessern, sondern auch ihr intensives Aroma mit den Qualitäten der Kultursorten zu verbinden. Der Erfolg aus Tausenden von Kreuzungen ist gleichzeitig die Grundlage für eine famose Idee, die Erdbeerwiese.

Tips zu Pflanzung und Pflege der Erdbeerwiese

Pflanzung: im Frühjahr bis Ende April und ab Mitte Juli bis Ende September. In Tuffs oder Reihen, Abstand 30 x 60 cm.

Bedarf: 4 – 5 getopfte Pflanzen pro m^2.

Sorten: 'Florika' (früh), 'Spadeka' (mittelfrüh).

Boden: soll gut mit Humus versorgt und locker sein. Mindestens 2–3 Jahre lang sollen dort keine Erdbeeren gestanden haben.

Düngung: Reifekompost in dünner Schicht (5–8 mm) im Winter überstreuen oder vor Vegetationsbeginn organisch düngen.

Ernte: Sorten sind einmaltragend.

Pflege: Nach der Ernte Laub abmähen und als Mulch liegenlassen.

Pflanzenschutz: Kaum nötig, Nützlingsbestand und ein ökologisches Gleichgewicht bauen sich auf.

Im Nu ist der Boden bedeckt

Als niedrige grüne Decke unter Johannisbeer-, Stachelbeer-, Himbeer- oder Blaubeersträuchern, Stauden, Ziergehölzen und Obstbäumen breiten sich die Pflanzen mit vielen Ranken aus. Sehr wüchsig sind die ältere 'Mieze Schindler' (braucht eine andere Sorte als Bestäuber) sowie die neueren Züchtungen 'Spadeka' (mittelgroße Früchte, mittelfrüh) und 'Florika' (früh, selbstfruchtbar und damit unkompliziert).

Schöne rosa Blüten, üppigen Wuchs und dazu leckere Früchte gibt es bei den neuen Züchtungen.

'Florika' geht auf eine Zusammenarbeit zwischen der TU Weihenstephan und dem erfolgreichen Obstzüchter Dr. Bauer zurück, der dem Beerenobst viele weitere Anstöße bescherte, z. B. die Jostabeere. Schon nach dem ersten Jahr zeigt sich der Bestand dicht, unverwüstlich und ausgesprochen pflegeleicht.

Nach der Ernte werden die alten Blätter mit dem Rasenmäher oder mit der Sense abgemäht, mehr Arbeit ist nicht erforderlich. Die Grünmasse bleibt als nährender Mulch liegen. Damit verjüngt sich der Bestand automatisch, neue Ausläufer wurzeln im lockeren Erdreich ein und können so mehrere Jahre überdauern. Selbst Stroh- oder Folienmulch sind überflüssig, denn 'Spadeka' und 'Florika' tragen ihre Früchte auf starken Stengeln über dem Laub, somit kaum erreichbar für Schnecken. Auch Pilzbefall ist selten, denn die Blüten trocknen nach Regen schnell wieder ab. Nicht nur Biogärtner schätzen deshalb die Eigenschaften dieser robusten Sorten.

Im Mai ist der grüne Teppich mit vielen weißgelben Blüten bedeckt. Frühzeitig und konzentriert setzt Mitte bis Ende Juni die Ernte ein. Die dunkelroten Früchte sind zwar nur mittelgroß, weich in der Schale und nicht transportfest, dafür aber besonders aromatisch. Unverkennbar: Bei der dekaploiden Züchtung 'Florika' bringen zwei Gene die Eigenschaften der Walderdbeere mit, acht stammen von Gartensorten. Zum Saften, Einfrieren und

Die Erdbeerwiese läßt dem Unkraut keine Chance. Die Blüten stehen über dem Laub.

für Kompott sind die Früchte ideal, nicht jedoch zum Verkauf. Im Hausgarten ist dies kein Nachteil. Statt dessen versüßt man die Gartenarbeit durch Naschen.

Weitere Möglichkeiten:

Monatserdbeeren tragen kleine, schmackhafte Früchte über den ganzen Sommer. Durch buschigen Wuchs ohne Ranken eignen sie sich zwar für Töpfe und Ampeln, zum Bodendecken sind sie allerdings kaum geeignet.

Die kleinfrüchtigen **Walderdbeeren** (*Fragaria vesca*) sind dagegen eine echte Alternative. Auch sie breiten sich bodendeckend aus. In Naturgärten, Steingärten, auf Waldgrundstücken, in Gesellschaft mit Kleinstauden und als Unterpflanzung von Kübelpflanzen kommen sie reizvoll zur Geltung. Es gibt Sorten mit roten oder weißen Früchten sowie 'Variegata' mit weißbunt gemusterten Blättern.

Ziererdbeer-Sorten, etwa 'Pink Panda' (rosa), ranken kräftig und bedecken den Boden. Besonders gefällig sehen sie zwischen Stauden aus, in Kübeln und Kräutertöpfen. Den vielen auffälligen Blüten stehen jedoch nur wenige und kleine Früchte gegenüber. Hier steht der Blüheffekt eindeutig im Vordergrund.

'Florika' hat schöne große Früchte mit dem vollen Aroma der Walderdbeeren.

BLÜHEN UND ERNTEN AN RANKGITTER UND SPALIER

Stecken Sie eine Stange in den Boden und lassen Sie daran Bohnen klettern. Daran winden sich 7–10 Pflanzen in die Höhe, alles auf nur 40 cm². Und wenn die Stangenbohnen Feuerbohnen sind, gibt es gratis noch Blumenschmuck und herrliche bunte Samenkörner. Mit mehreren Stangen wird schon ein Tipi daraus, ein Feuerbohnen-Indianerzelt für die Kinder. Wenn sie es selbst aufbauen und säen durften, werden sie über das Ergebnis be-

Romantischer Sitzplatz voller Duft, dank der traumhaften Englischen Rose 'Constance Spry'.

geistert sein und gerne unter dem Blätterdach Einzug halten.

Die Höhe im Garten zu nutzen, bietet ungeahnte Möglichkeiten. Spaliere verschönern einen mauerumgrenzten Garten. Mit Hilfe von Dübeln finden sie zwischen den Ziegeln oder an der geputzten Wand festen Halt und bieten damit wärmeliebenden Kletterern wie Weinreben, Kiwis, Gurken, Melonen und duftenden Kletterrosen eine Stütze. Rankgitter und Pergolen bieten sich für Gärten an, die man vor den Blicken der Nachbarn schützen möchte. Feuerbohnen, Herkuleskeulen, Flaschenkürbisse, Knöterich, Wicken, Glocken- und Prunkwinden begrünen Zäune und Gitter in wenigen Monaten. Sie bieten einen blühenden und fruchtenden Sichtschutz, der obendrein Nutzen bringt.

Selbst wenn Sie weder Rosenbögen noch Zäune oder Rankgitter aufstellen können, haben Sie immer noch die Möglichkeit, in Reih und Glied Zuckermais auszusäen und davon leckere Kolben zu ernten oder mit dem Elefantengras *(Sorghum nigricans)* innerhalb weniger Wochen für Wind- und Sichtschutz zu sorgen. Die Vögel freuen sich auf die ölhaltigen, nährstoffreichen Samen.

Fleißige Kletterer und Schlinger

Kletterpflanzen sind von großem ökologischen Nutzen. Sie bilden eine Schutzhülle für das Haus (Pufferzone), die Beschattung, Nässe-

abwehr und Windschutz gibt, und sie schaffen Lebensraum für Vögel und Insekten, die sich als fleißige Nützlinge (z.B. als Vertilger von Blattläusen) betätigen. Gleichzeitig bieten die Kletterer auch auf engstem Raum in der Stadt die Gelegenheit, die Natur in ihrem Kreislauf zu beobachten und sorgen zugleich für ein angenehmes Kleinklima.

Ungewöhnlich sind Armenische Gurken oder Schlangenmelonen. An Spalieren erreichen sie bis zu 50 cm Länge.

Man findet Kletterpflanzen in den unterschiedlichsten Pflanzenfamilien, vielfältig ist daher ihr Erscheinungsbild. Eines haben alle gemeinsam: die Fähigkeit, an Stützen, Geländern, Mauern und Bögen emporzuklimmen.

Für kleine Gärten und wenig Platz, auf Dachgärten, Terrassen und Balkonen, sind Pflanzgefäße angebracht. Das mobile Grün wandert zu den günstigsten Stellen, bricht dort den Wind oder hält unerwünschte Blicke ab.

Grundsätzlich unterscheiden sich Kletterpflanzen in zwei Gruppen.

Die einen brauchen ein Gerüst. Knöterich, Winden, Bohnen, Wein und Kürbisgewächse winden und schlingen oder klettern an Stäben, Pergolen und Gittern empor. Seltsamerweise drehen sich die meisten **Schlinger** links herum, also entgegen den Uhrzeigersinn, wie z. B.

Hohe Erträge von leckerem Obst, dazu braucht man Spaliere als platzsparende, fruchtende Zäune.

Schwarzäugige Susanne, Hopfen und Feuerbohnen. Gut gemeinte Hilfe kann deshalb unnütz sein, wenn man die Triebe falsch befestigt. Dann muß die Pflanze sich erst mühsam wieder in die richtige Richtung drehen und wird in ihrem Wachstum behindert.

Selbstklimmer wie Wilder Wein, Efeu und Kletterhortensie erobern mit Haftscheiben Wände und Mauern. Junge Haftscheiben entwickeln sich an der dem Licht abgewandten Seite und bilden sich wieder zurück, wenn sie nicht auf eine feste Berührung stoßen.

Eine Besonderheit sind die **Spreizklimmer**. Diese Gruppe verfügt über keine speziellen Kletterorgane und zählt daher nicht unbedingt zu den Kletterpflanzen. Durch Dornen, Stacheln oder Seitensprossen krallen sich die Triebe fest, wie Kletterrosen, Winterjasmin oder der immergrüne Spindelstrauch (*Euonymus fortunei*). Man muß sie an Kletterhilfen zusätzlich angebinden, da ihr eigenes Gewicht sie immer wieder nach unten ziehen würde.

Spalierobst

Form- und Spalierobst gehört nicht zu den Kletterpflanzen, doch lassen sich mit Äpfeln, Birnen, Pfirsichen, Aprikosen, Nektarinen oder Mirabellen Südwände reizvoll und nützlich zugleich begrünen. Die Tradition des Spalierobstes wurde im 18. und 19. Jahrhundert sehr gepflegt. Ein strenger Schnitt, der gekonnt sein sollte, hält den Wuchs in flacher Form. Der Baum muß nicht

viele Zweige ernähren, deshalb werden die Früchte größer und süßer, unterstützt durch die Wärme der Mauer. Säulenäpfel (siehe Seite 31) sind einen andere Möglichkeit, ohne Gerüste auszukommen.

Pergolen schaffen Stimmung

Kletterpflanzen können sich erst richtig in Szene setzen, wenn sie den richtigen Halt bekommen, um in die Höhe zu ranken.
Am exklusivsten ist dafür eine Pergola. Sie kann eine schöne Verbindung zwischen Haus und Garten herstellen, als dekorativer Lauben-

gang von einem Gartenteil zum nächsten leiten oder eine langweilige Gartensituation aufwerten. Die Vielfalt der hübschen Rank- und Kletterpflanzen ist jeder Gartensituation gewachsen.
Eine Pergola besteht aus Pfosten und quer eingebautem Kantholz (Sattelbalken). Manche Pergola-Systeme eignen sich hervorragend als Grundlage, um zusätzlich Sichtschutzelemente einzuklinken.
Auch aus Stangenholz, das man oft günstig beim Förster bekommen kann, läßt sich eine dekorative Pergola bauen. Von Rosen oder Schlingpflanzen berankt, unterstreicht die Pergola den natürlichen Charakter des Gartens.

Hohe und niedrige Hecken, Geländer und Spaliere formen den Obstgarten zum dekorativen grünen Zimmer.

Besonders beliebt sind die Rosenbögen, umrankt mit Kletterrosen als Willkommensgruß im Vorgarten, mit Brombeeren oder Kiwis garniert im Nutzgarten oder als einladender Laubengang, wobei mehrere Bögen hintereinander kombiniert werden.

An Gittern und Wänden gezogen, bedecken Kletterpflanzen alles, was nicht ganz schön ist. Oft reicht schon eine Pflanze, um eine imponierende Wirkung zu erzielen. Zierkürbisse und die eßbaren Herkuleskeulen *(Lagenaria siceraria* 'leucantha Longissima')* gehören zu den Schnellsten. Schon in wenigen Wochen schaffen sie mehrere Meter und sind im Hochsommer übersät mit weißen Blüten, gefolgt von

Je wärmer das Umfeld, desto länger werden die Hülsen von 'Liane', der Spaghetti-, Spargel- oder Meterlangen Bohne.

TIP

Wenn Sie keine Rankgerüste mögen oder anbringen können – wie wäre es mit einem schönen, aber einfachen Seil, aus Kokosfaser zum Beispiel? Man bindet es an einer Pergola, am Balkon oder an einem Haken an, setzt einen der blühfreudigen einjährigen Klimmer daran oder eine Kletterrose und schon hat man einen Abglanz von Tarzans Lianenwelt. Seile haben auch einen Vorteil: Viele einjährige Kletterpflanzen lassen sich im Herbst oder Winter schlecht von ihrer Unterlage befreien. Sie klammern sich mit Massen von Trieben fest. Da Seile aus Kokos nicht teuer sind, kann man sie samt Pflanzenmasse abschneiden, kompostieren und im nächsten Jahr einfach durch neue ersetzen.

den seltsam geformten Früchten. Bis auf Feuerbohnen und Hopfen benötigen einjährige Kletterer einen Sonnenplatz. Besonders attraktiv sind Wicken, Winden, Glockenreben, Schwarzäugige Susanne, Kanarische- und gewöhnliche Kapuzinerkresse, die an Geländern und Spalieren hochklettern. Ertragreich sind Stangenbohnen, die es in grünen, gelben und den besonders schmackhaften blauhülsigen Sorten (z. B. 'Blauhilde') gibt. Bei den mehrjährigen Arten ist die Zahl der Lichtgenügsamen größer. Geißblatt (Lonicera-Arten) haben

nur Positives zu bieten. Die Pflanzen wachsen schnell, auch im Schatten, sind anspruchslos und bekommen im Frühjahr unzählige Blüten, die duften. Rosen, Clematis, Kletterhortensie, wilder Wein und echte Weinreben sind ebenfalls lohnende Kletterer. Efeu braucht manchmal ein bißchen Zeit, ehe er so richtig in Gang kommt. Dann aber wächst er rasch und klammert sich mit seinen Haftwurzeln selbstständig fest. Die Kletterhilfen werden dabei am günstigsten schon vor dem Pflanzen montiert.

Zum Begrünen schmaler, hoher Wände eignen sich besonders Drähte und Metallseile, die auch für stark rankende Arten wie Wein, Rosen oder Blauregen (Glyzinie) empfehlenswert sind. Für kleine Flächen und schwächer wachsende Pflanzen bietet der Handel fertige Rechteckgitter aus Holz oder Metall. Besonders gefällig wirken auch die preisgünstigen Scherengitter,

'Charantais'-Zuckermelonen kündigen ihre Reife durch intensiven Duft an. Gegen das Herabfallen schützt ein Netz.

113

die vor allem für Wicken, Winden oder Schwarzäugige Susanne, also für die Einjährigen, empfehlenswert sind.

Klettergehölze sind ausgesprochen pflegeleicht. Wichtig: Außer regelmäßigem Wässern und Düngen während der Wachstumszeit sollten Sie auch den notwendigen Rückschnitt beachten.

Ertragreiche Kletterer mit Pfiff

● **Kletterzucchini** (*Cucurbita pepo*) Erstens spart man Platz und zweitens fällt die Ernte leichter: Das Bücken entfällt bei der Zucchini-Sorte 'Black Forest F$_1$'. Mit kletterndem Wuchs breiten sich die Pflanzen an Gittern aus oder winden sich um Schnüre, im Freien wie im Gewächshaus. Ein weiterer Vorteil: die Früchte werden nicht länger als 20–25 cm, dafür erscheinen sie in großer Zahl. Sie können daher in der gefragten Qualität als kleine, junge Früchte geerntet werden, sogar mit Blüten (eine besondere Delikatesse).

An Gittern hangelt sich die Kletterzucchini mit vielen kleinen Früchten in die Höhe. Delikat sind auch die Blüten.

● **Schöne und nahrhafte Feuerbohnen** (*Phaseolus coccineus*) Sie blühen feuerrot oder weiß, schlingen sich mit ihren langen suchenden Trieben entgegen dem Uhrzeigersinn in die Höhe, bedecken innerhalb kürzester Zeit mit dichtem Blätterdach Mauern, Zäune, Wände. Sie spenden Schatten und bringen auch noch reichliche Erträge. In den Katalogen steht die Prunk-, Woll- oder Feuerbohne unter Gemüse, aber sie ist auch hübsch anzusehen, besonders wenn man je eine Tüte der weißblühenden Sorte 'Desiree' (fadenlos) oder 'Weiße Riesen' mit einer roten Sorte wie 'Butler' (fadenlos) mischt und Anfang Mai aussät. Ab Juli warten dicke, flache, fleischige und sehr aromatischen Hülsen auf die Ernte. Im Herbst bieten die Feuerbohnen auch wunderschön gefärbte dicke, schmackhafte und nahrhafte Samen für Balkansalate an.

● **Flaschenkürbisse und Herkuleskeulen** (*Lagenaria siceraria*) Wer viel zu bedecken hat, ist mit den beiden Kürbisgewächsen gut bedient. Der Fruchtansatz kann reichlich sein, auf jeden Fall ist er eine eher ungewohnte Zier. Runde, bauchige, längliche Formen mit einem langen Zipfel daran entwickeln sich an den Flaschenkürbissen, die man auch **Kalebassen** nennt. Zu den Flaschenkürbissen zählen auch die **Herkuleskeulen**, die in jungem Zustand wie Zucchini gegessen werden. Ausgewachsen erreichen sie leicht 150–200 cm Länge. Auch sie trocknen ohne weitere Mühe zu

Mit überhängendem Wuchs begrünt die rot-weiße Feuerbohne 'Hestia' Ampeln, Balkonkästen und Gefäße.

Ein origineller Schmuck von Laubengängen und Rosenbögen sind bauchige Kalebassen, die man auch bemalen kann.

festen, keulenförmigen Gebilden, die viele Jahre haltbar bleiben.

• **Hörnchenkürbis** *(Cyclanthera pedata)*

Diese üppig wachsende Pflanze aus Mittelamerika braucht eine Stütze, an der sich die vielen dünnen Triebe ausbreiten können. Die duftenden Blüten ergeben bald zahlreiche hörnchenförmige Früchte, die in Olivengröße geerntet und als Salat oder, sauer eingelegt, wie Essiggurken genossen werden.

• **Gurken** *(Cucumis sativus)*

Alle Gurken klettern gern, an Gittern, Stäben oder Maschendraht. Sowohl im Freien als in Gefäßen mit lockerer, nährstoffreicher Humuserde gedeihen vorgezogene Pflanzen und bringen hohe Erträge. Empfehlenswert sind stets moderne F_1-Hybriden mit rein weiblichen (parthe-

Beim Hörnchenkürbis entwickeln sich aus duftenden Blüten eigenartig geformte Früchte.

nocarpen) Blüten. Solche Sorten sind kernlos und fruchten bei jeder Witterung ohne Insektenbestäubung. Minigurken (Sorten: 'Petita', 'Rawa', Hayat') bringen etwas kleinere, dafür zahlreiche Früchte.

Ausgepflanzt wird ab Mitte Mai.

● **Armenische Gurken** *(Cucumis melo* convar. *flexuosus)*

An Blättern und Blüten ist zu er-

kennen, daß diese Gurken eigentlich zu den Melonen zählen und so werden sie mitunter auch genannt: Schlangenmelonen oder (italienisch) Tortarello. Die Früchte sind besonders lang (bis 50 cm) und leicht behaart. In Kultur und Verwendung unterscheiden sie sich nicht von Freilandgurken.

● **Kiwi** *(Actinidia chinensis* und *Actinidia arguta)*

Während die großfrüchtigen Kiwis *(A. chinensis)* frostempfindlich sind und nur an warmen, geschützten Hauswänden regelmäßig Früchte tragen, erzielen die völlig winterharten »Bayernkiwis« *(Actinidia arguta* 'Weiki') regelmäßig Erträge. Die vielen stachelbeergroßen Früchte schmecken ausgezeichnet, süß und aromatisch. Sie können dank glatter Außenhaut ohne Schälen und Lagerung frisch geerntet und gegessen werden.

Wie bei allen Kiwis, wird für die Bestäubung für bis zu neun weibliche jeweils eine männliche Pflanze benötigt.

Zweimal Kiwi: oben mit großen Früchten *(Actinidia chinensis)*, **unten die robuste »Bayernkiwi«** *(A. arguta)*.

Pflegeleichte Kletterpflanzen (mehrjährig)

Verwendung/ Standort	Deutscher Name	Botanischer Name	Höhe (in m)	Blüte	Bemerkungen
Immergrün	Efeu	*Hedera helix*	10	Herbst	sehr robust
	Immergrünes Geißblatt	*Lonicera henryi*	3	Sommer	geschützter Standort
	Spindelstrauch	*Euonymus fortunei*	3	–	weißbunte Formen
Schatten	Pfeifenwinde	*Aristolochia macrophylla*	6	Sommer	wüchsig
	Echte Waldrebe	*Clematis vitalba*	10	Herbst	weiße Samenstände
	Alpenwaldrebe	*Clematis alpina*	2	Frühling	zartblaue Blüten
	Bergwaldrebe	*Clematis montana* 'Rubens'	6	Frühling	üppig blühend
	Kletterhortensie	*Hydrangea petiolaris*	4	Frühling	weiße Blüten
	Wilder Wein	*Parthenocissus tricuspidata* 'Veitchii'	10	Sommer	Herbstfärbung
Halbschatten	Clematis	*Clematis*-Hybriden	3	Sommer	üppige Blüte, paßt gut zu Rosen
	Gelbrotes Geißblatt	*Lonicera* × *heckrottii*	3	Sommer	stark duftend
	Knöterich	*Fallopia aubertii*	6	Sommer	weiß, sehr wüchsig
	Hopfen	*Humulus lupulus*	5	Sommer	raschwüchsig
Sonne	Bayernkiwi	*Actinidia arguta*	6	Sommer	viele Früchte
	Kiwi	*Actinidia chinensis*	6	Sommer	Ernte November
	Trompetenblume	*Campsis radicans*	5	Sommer	orangerote Blüten
	Goldwaldrebe	*Clematis tangutica*	3	Sommer	gelbe Blüten
	Italienische Waldrebe	*Clematis viticella*	3	Sommer	gelbe Blüten
	Winterjasmin	*Jasminum nudiflorum*	3	Winter	blüht ab Dezember
	Staudenwicke	*Lathyrus latifolius*	2	Sommer	üppig blühend
	Kletterrosen	*Rosa*-Sorten	3	Sommer	viele Sorten
	Echter Wein	*Vitis*-Sorten	7	Sommer	weiße/blaue Sorten
	Blauregen, Glyzinie	*Wisteria sinensis*	10	Frühling	viele Blütentrauben

Gemüse als Kletterpflanzen (einjährig)

	Armenische Gurke	*Cucumis melo* convar. *flexuosus*	2	Sommer	sehr lang
	Bittergurke	*Momordia charantia*	2	Sommer	braucht Wärme
	Feuerbohne	*Phaseolus coccineus*	2	Sommer	rote Blüten
	Gurke	*Cucumis sativus*	2	Sommer	viel Ertrag
	Herkuleskeule	*Lagenaria siceraria*	5	Sommer	sehr wüchsig
	Höckermelone	*Cucumis metulifera*	3	Sommer	grün ernten
	Hörnchenkürbis	*Cyclanthera pedata*	3	Sommer	viele Früchte
	Kletterzucchini	Sorte 'Black Forest F$_1$'	2	Sommer	kleine Früchte
	Kürbis, (diverse)	*Cucurbita moschata*	4	Sommer	viele Arten
	Melone	*Cucumis melo*	3	Sommer	braucht Wärme
	Luffagurke	*Luffa aegyptica*	3	Sommer	Gewächshaus
	Spaghettibohne	*Vigna unguiculata* ssp. *sesquipedalis*	2	Sommer	braucht Wärme
	Stangenbohne	*Phaseolus vulgaris*	2	Sommer	viel Ertrag

WAS MAN ZUM GÄRTNERN AUF KLEINSTEM RAUM ALLES BRAUCHT

Wer spart, gewinnt. Nicht im Lotto, doch mit etwas Tüfteln, Basteln und Überlegen verwandeln sich Reihenhausgrundstücke in grüne Paradiese. Blumen, Gemüse, Kräuter – für all das braucht man erstaunlich wenig Platz. Und dennoch sieht alles bunt und appetitlich aus.

Wo das Gärtnern dank winziger Flächen zum Freizeitvergnügen avanciert, dürfen Schädlinge keinen Schaden anrichten. Hervorragenden Schutz bieten **Intensivkultursysteme** (im Handel z. B. von Neudorff), die als Stecksystem zusammengefügt hinter Schneckenzäunen und unter dem dichten Gewebe aus haltbarem Kunststoff geborgen das zarteste Gemüse gedeihen lassen (siehe auch Seite 72). Solche Schutzzonen kann man auch leicht selber bauen.

Tunnelkonstruktionen aus biegsamen Stäben, die man einfach in die Erde steckt, tragen das **Kulturschutznetz**, das mit Klammern an den Bügeln oder mit Häringen in der Erde befestigt wird. Man kann es auch locker über die Beete legen und an den Rändern mit Erde, Brettern oder Rohren am Wegfliegen hindern. Seine Wirkung ist ebenso einfach wie effektiv: Schädlinge können die Gazewand nicht durchdringen, für darunter geschlüpfte Gemüsefliegen unterbleibt der Hochzeitsflug – also kann es auch keine Maden geben. Selbst nestbauenden Vögeln, Tauben, Kaninchen, Rehen, Schnecken und Hagel bleibt der Zugriff verwehrt. Das Gießen durch die Maschen hin-

Fertig zu kaufen gibt es das Stecksystem, ein Frühbeet mit Tunnel und Schutz gegen Schnecken, Kälte und Insekten.

durch ist dagegen einfach, Regen erreicht ungehindert die Kulturen. Das gleiche gilt auch für das anschmiegsamere und dichtere **Vlies**. Das Gespinst aus weichen Textilfasern ist die bessere Lösung im zeitigen Frühjahr, im Herbst und im Winter. Es sammelt mehr Wärme, läßt Samen besser keimen und Jungpflanzen schneller wachsen – die Verfrühung kann bis zu vier Wochen betragen. Unter dem Vlies gewachsenes Gemüse ist von appetitlicher Qualität. Auch bei der Anzucht von Sämlingen leistet es gute Dienste. Im Herbst erstarren am Gespinst bei Frühfrösten die Tauperlen zu einem stabilen Gitter aus Eis.

Gelochte und geschlitzte Folie sind weitere Alternative. Wichtig sind die eingestanzten Öffnungen, damit überschüssige Wärme entweichen kann. Glatte Folie eignet sich nicht.

Denken Sie auch an **Tomatenhauben**: nach dem Auspflanzen helfen sie bei Kälteperioden, ab Juli dann halten sie die Pflanzen trocken und schützen so vor der berüchtigten Braunfäule (Phytophthora).

Was Pflanzen zum Gedeihen brauchen

● Viele Pflanzen brauchen einen Halt: Tomaten wollen an **Pfählen** gestützt und angebunden sein. Recht gut haben sich auch **Wellstäbe aus Aluminium** bewährt, in die man die noch jungen Triebe spiralförmig legt. Stangenbohnen gedeihen an **Stangen** oder **Schnüren**.

Sind Kinder im Haus, kann man aus einem Pfahl und Stangen oder aus Tauen ein rotblühendes **Feuerbohnen-Zelt** wachsen lassen: Es wird den Kindern Freude bringen und gleichzeitig Blüten und leckere Früchte bringen. Erbsen sind mit **Reisig** zufrieden. Wer keines hat, kann auch Maschendraht oder **Scherengitter** verwenden. Für Stauden haben sich die variablen **Link-Stakes** aus England besonders bewährt.

● Pflanzen brauchen Nahrung – das ist selbst in kleinsten Gärten so. Fruchtwechsel nach Plan mit einem 4-jährigen Rotationsschema, Gründüngung und Kompostwirtschaft sorgen dafür, daß ausgezehrter Boden immer wieder Nachschub erhält. Hierfür sind **Thermokompo-**

Eine schützende Lage aus organischem Material (z. B. Rasenschnitt) hält die Feuchte im Boden.

ster oder **Kompostliegen** sowie die Entsorgung von Strauchwerk, Häcksel, Laub oder Grünzeugresten durch einen Zersetzungsprozeß im **Hochbeet** von großem Wert. Damit kommen Kräuter, Blumen, Anzuchten und die meisten Gemüse vollkommen aus. Lediglich bei Starkzehrern wie Lauch, Kohlgewächsen und Tomaten ist es nötig, über **organischen Dünger** zusätzliche Nährstoffe anzubieten.

● **Wasserhähne, Schläuche, Gießbrausen** und **Sprenger** gehören zum Wichtigsten in jedem Garten. Fast alles läßt sich automatisieren,

Gut bewährt haben sich Tröpfchenbewässerungen, die mittels Tonkegel den Wasserbedarf selbst ermitteln und regeln.

das gilt auch fürs Gießen. Hoch- und Hügelbeete trocknen leicht aus, auch Balkonkästen, Kübel und größere Gefäße. Wer an heißen Sommertagen selbst mit zweimaligem Gießen den Bedarf kaum ausgleichen kann, entlastet sich gerne mit **Tropfschläuchen oder Tröpfchenbewässerungen**. Gute Systeme, z. B. »Garten-Blumat« oder Beta 8 von Beckmann, richten sich nach dem Bedarf der einzelnen Pflanzen. Viel Komfort bieten computer- und zeituhrgesteuerte Anlagen, die es im Fachhandel gibt.

● Weniger Gießen, lebendiges Bodenleben und bessere Bodenstruktur – mit einer Mulchdecke aus **Rasenschnitt, Säge-** oder **Hobelspänen, Häcksel** oder **Rindenschredder** ist das alles kein Problem. Haben Sie Gelegenheit, an solche Materialien zu gelangen? Mulchmaterialien bauen sich innerhalb von 1–2 Jahren ab, deshalb kann man davon nie genug haben. Wenn Holzhäcksel in Haufen lagert, erhitzt sich die organische Masse in kurzer Zeit, wobei Krankheitskeime und Unkrautsamen abgetötet werden. Nach dem Erkalten gibt es kaum Besseres, um damit die Beete abzudecken.

Vorbeugen ist wichtig

Schädlingsabwehr auf die sanfte Art – je kleiner der Garten, desto wichtiger wird diese Frage. Beim Sameneinkauf achtet man auf **resistente und robuste Sorten**. Ende März schlüpfen bereits junge und die überwinternde Schnecken. Ihr

Schnecken fressen nicht alles – es gibt große Unterschiede. Den Duftsteinrich z. B. meiden sie geflissentlich.

Hunger ist groß, umgehend machen sie sich auf die Suche nach zarten Trieben, Sämlingen und Keimen. Gewöhnlich werden sie schnell fündig und können durch Ausfressen der Herzen schon gleich nach dem Winter unwiederbringlich Schaden anrichten.

Schneckenzäune gehören zur Vorbeugung in jeden Garten. Sind die Stecksysteme aus Kunststoffprofilen, Metall oder verzinktem Draht richtig abknickend konstruiert, stellen sie für die schleimigen Kriecher unüberwindliche Hindernisse dar. Vögel, Igel, Laufkäfer und geflügelte Nützlinge wie Marienkäfer, Florfliegen (Blattauslöwen), die wespenähnlich gezeichneten Schwebfliegen, Weichkäfer und Schmarotzerfliegen halten im Freiland die Schädlinge klein.

Schon die Vorstellung, daß eine einzige Schwebfliegenlarve bis zu ihrer Verpuppung 400–500 Blattläuse verzehrt, läßt die Wirksamkeit des Einsatzes von Nützlingen erkennen. Während man sie im Freien durch **bunte Samenmischungen** wie 'Nützlingswiese' (von Kiepenkerl) und 'Blüten für Nützlinge' (von Sperling) herbeilockt, setzt man im Gewächshaus gezielt Raubmilben, Schlupfwespen und räuberische Gallmücken aus. Sobald die ersten Schädlinge auftreten, finden sie genug Nahrung vor, um größere Schäden zu vermeiden. **Nistmöglichkeiten** für Vögel sollten stabil und intelligent gebaut sein, damit sich weder Elstern noch Katzen und andere Räuber an der Brut vergreifen. Nistmöglichkeiten auch für Fledermäuse, Florfliegen und die in Bäumen und Staudenquartieren aktiven Ohrwürmer kann man sich selbst bauen oder im Handel erstehen.

121

Gemüse, Kräuter und Obst für Balkon, Terrasse und kleine Gärten

Art	Sortenempfehlung	Erntemonate	Bemerkungen
GEMÜSE UND KRÄUTER			
Artischocken	Große von Laon	8-10	dekorative Blätter und Blüten
Auberginen	Black Beauty	8-10	violette Blüten, braucht Halt
Basilikum	Balkonstar	7-10	niedriger Wuchs, gedrungen
	Genoveser	7-10	großblättrig, grün
	Rothaut	7-10	rotblättrig, dekorativ
	Lemon	7-10	Zitronengeschmack
Bohnenkraut	Aromata	7-9	niedriger Wuchs
Brunnenkresse	–	6-10	Kultur im wasserdichten Gefäß
Buschbohnen	Purple King	7-10	blaue Hülsen, guter Geschmack
	Goldetta	7-10	gelbe, lange Hülsen
	Maxi	7-10	grüne Hülsen, über dem Laub
Feuerbohnen	Butler	7-9	rote Blüten, fadenlos
Stangenbohnen	Rakker	7-10	wird nur 2 m hoch
Markerbsen	Salout	6	frühe Reife, zuckersüß
	Markana	6-7	späte Reife, selbststützend
Zuckererbsen	Crispi	6-8	wird mit Hülse gegessen
	Carouby	6	große Hülsen, violette Blüten
Feldsalat	Vit	3-12	für Ganzjahreskultur
Fenchel	Zefa Fino	6-11	schoßfest, aromatisch
Gurken, Mini-	Hayat	7-9	Früchte 15 cm, gutes Aroma
– Salat-	Bush Champion	7-9	kurze Ranken, Früchte 20 cm
– Schlangen-	Flamingo	7-9	lange Früchte, selbstfruchtbar
Herkuleskeule	–	7-9	meterlange Früchte, dekorativ
Brokkoli	Green Valiant	6-8	kann mehrfach beerntet werden
Butterkohl	Goldberg	7-9	Ernte Blatt für Blatt
Grünkohl	Lerchenzungen	10-12	dekorativ, palmenähnlich
Redboer	–	10-12	rote Blätter, dekorativ
Kohlrabi	Blaro	5-9	blaue Knollen, zart
	Lanro	5-9	grüne Knollen, sehr zart
	Superschmelz	8-10	Riesenkohlrabi
Kresse	Spurt	4-10	schnellwüchsig
Kürbis, Mini-	Baby Bear	7-10	rankend, viele kleine Früchte
– Patisson-	Ufo	7-9	»Fliegende Untertassen«, weiß
Lauchzwiebeln	Long White	7-11	milder Geschmack
Mairübchen	Tokio Cross	4-10	weiß, rund, delikat
Mangold	Feurio	6-10	rotstielig, sehr dekorativ
	Walliser	6-10	weißstielig, ertragreich
Möhren	Laila	6-9	mittellang, früh
	Ingot	8-11	ang, spät, carotinreich
	Lisa	6-7	rund, Pariser Karotte
Okra	Ladyfinger	8-9	gelbe Blüten, wärmeliebend
Paprika	Feher	8-10	gelb, kegelige Früchte
	Merit	8-10	grün-rot, blockig, mild
	Topepo rosso	8-10	tomatenfrüchtig, aromatisch
	Cayenne	8-10	rot, sehr scharf
Petersilie	Mooskrause	4-11	sehr wüchsig
Porree	Tropita	7-11	langschäftig, früh-mittelfrüh
Radieschen	Eiszapfen	4-11	weiß, kegelförmig
	Flamboyant	4-11	rot-weiß, walzenförmig
	Knacker	4-11	rot, rund, früh
	Parat, Sora	5-8	rot, groß, für Sommer
Rettich	Ostergruß rosa	5-9	dunkelrosa, Frühjahr und Herbst
	Rex	4-10	weiß, für alle Anbautermine

Art	Sortenempfehlung	Erntemonate	Bemerkungen
Rote Bete	Loma	8-11	walzenförmig, sehr ertragreich
Salat, Pflück-	Grand Rapids	4-11	Ernte Blatt für Blatt, ergiebig
	Lollo Rossa	5-11	rote Blätter, sehr dekorativ
– Romana-	Fredo	5-9	kleine, sehr schmackhafte Köpfe
Salatrauke	–	3-11	Wilde Rauke, sehr würzig
Schnittlauch	Grolau	4-10	groblaubig, dicke Röhren
Schnittknoblauch	Knolau	5-11	Knoblauchgeschmack
Spinat,	Tetona	4-11	mehltauresistent
– Erdbeer-	–	5-9	rote Früchte, dekorativ
– Neuseeländer-	–	6-10	Ernte Blatt für Blatt
Tomaten, Ampel-	Tumbler	6-9	sehr früh, überhängender Wuchs
– Fleisch-	Luxor	7-10	Riesenfrüchte, schnittfest
– Kirsch-	Sweet 100	7-10	kleinfrüchtig, sehr aromatisch
– Stab-	Vanessa	7-10	rund, rot, lange lagerfähig
	Goldene Königin	7-10	rund, gelb, milder Geschmack
– Topf-	Patio	7-10	60 cm hoch, große Früchte
Winterportulak	–	10-5	winterhart, mild im Geschmack
Zitronenmelisse	–	4-11	angenehmer Zitronengeschmack
Zucchini	Diamant	6-9	grüne Früchte, groß
	Gold Rush	6-9	gelbe Früchte, groß
	Black Forest F_1	6-10	kleine Früchte, kletternd
Zuckermais	Tasty Gold	9-10	extra-süß, große Kolben
Zuckermelonen	Delta	8-10	sehr süß, duftend

OBST

Art	Sortenempfehlung	Erntemonate	Bemerkungen
Andenbeeren	–	7-11	wüchsiges Naschobst
Apfel, Säulen-	Polka, Bolero Flamenco, Waltz	8-10	aufrechter Wuchs ohne Verzweigung, ideal für Töpfe
Aprikosen	Orange Red, Nancy	7-8	nur für sehr geschützte Lagen
Birnen	Conference, Guyot	7-9	Pärchenveredelung bevorzugen
Birnenmelonen	Pepino	8-10	eigroße Früchte, für Ampeln
Brombeeren	Oregon Thornless	8-10	guter Geschmack, dornenlos
Erdbeeren	Ostara, Rapella	6-10	mehrfach tragend
Erdkirsche	–	7-10	kleiner als Andenbeere
Feigen	–	8-10	brauchen Winterschutz
Heidelbeeren	Bluetta, Top Hat	8-9	niedriger Wuchs
Himbeeren	Autumn Bliss	7-10	rot, Sommer-Herbsternte
	Golden Bliss	7-10	gelb, Herbsternte
Johannisbeeren	Jonkheer van Tets	6-7	rot, reichtragend, aromatisch
	Weiße Versailler	6-7	weiß, mild, hoher Ertrag
Kirschen, Sauer-	Pumuckl, Kobold	6-7	Zwergsorte, ertragreich
– Süß-	Lapins, Stella, Sunburst	6-7	selbstfruchtend, als Zwergobst veredelt
Kiwi, Bayern-	Weiki	9-10	winterhart, kleinfrüchtig
–, großfrüchtige	Hayward	10-12	braucht Schutz, Pärchen pflanzen
Maulbeeren, Schwarze	–	8-9	süß, als Zwergobst im Topf
Monatserdbeeren	Rügen	6-10	viele kleine Früchte
Nektarinen	Fusilade	7-8	braucht viel Wärme
Pfirsiche, Zwerg-	Amsden	8-9	selbstfruchtend, braucht Wärme
Preiselbeeren	Koralle	9-11	Bodendecker, geringer Ertrag
Stachelbeeren	Invicta	7-8	grün, mehltauresistent
	Rokula	7-8	rot, mehltauresistent
Weinreben	Boskoop Glory	8-10	blau, früh, resistent
	Dornfelder	8-10	blau, früh, ertragreich
	Boskoop Glory gelb	8-10	weiß, widerstandsfähig

BEZUGSQUELLEN

Rund ums Wasser

Gardena GmbH
Licht- und Wassertechnik
Hans-Lorenser-Str. 40
D-89079 Ulm

Heissner GmbH
Gartentechnik
D-36339 Lauterbach

Rottenecker Ambiente GmbH
Bronze-Wasserspiele
Gewerbestr. 2
D-77749 Hohberg 2

Schleitzers Erlebnisgarten
Wasserspiele und Dekor
Enterstr. 23
D-80999 München-Allach

Ubbink GmbH
Teichtechnik
Postfach 2454
D-46374 Bocholt

Weixler OEG
Teiche, Wasserpflanzen
Aichbergstr. 48
A-4600 Wels

Samen und Pflanzen

Conrad Appel
Baumschulen
Brandschneise 1
D-64295 Darmstadt

Baldur-Gartenversand
Seehofstr. 6-8
D-64653 Lorsch

Brugger
Kräuter-Spezialitäten
Hinterm Holz 10
D-79618 Rheinfelden-Herten

Dehner
Alles für den Garten
D-86640 Rain am Lech

Wilhelm Dierking
Beerenobst
Kötnerende 11
D-29690 Gilten-Nienhagen

Ferme de Sainte Marthe
Ulla Grall
Bäreneck 4
D-55288 Armsheim

Gärtner Pötschke
D-41561 Kaarst

Geisenheimer Baumschule
Nothgottesstr. 4
D-65366 Geisenheim/Rhein

Häberli
Obst- und Beerenzentrum
CH-9315 Neukirch-Egnach

Hauenstein AG
Baumschulen
Landstr. 42
CH-8197 Rafz

Herr
Baumschulenweg 19-25
D-53340 Meckenheim

Richard Huber
Baum- und Rosenschule
CH-5605 Dottikon AG

Ingwer J. Jensen
Englische Rosen
Am Schloßpark 2 b
D-24960 Glücksburg

Kiepenkerl-Pflanzenzüchtung
Postfach 1263
D-48348 Everswinkel

W. Kordes' Söhne
Rosenschulen
D-25365 Sparrieshoop

Reinhold Krämer
Weißensteiner Str. 95
D-73525 Schwäbisch-Gmünd

Kräuterzauber
Kräuter und Duftpflanzen
Am Himpberg 32
D-27367 Stuckenborstel

Lacon
Rosen und Kräuter
J.S. PiazoloStr. 4a
D-68759 Hockenheim

Noack Rosen
Im Fenne 54
D-33334 Gütersloh

Otzberg Kräuter
Neuweg 11
D-64853 Otzberg-Lengfeld 1

Ernst Meier AG
Pflanzenspezialitäten
Florastr. 12
CH-8630 Tann-Rüti ZH

Hilde u. Günther Pfeiffer
Rebenversand
Zum Kurmittelhaus 12
D-35080 Bad Endbach

Pflanzen-Hofmann
Hauptstr. 36
D-91094 Kleinsendelbach

Prascac
Baumschulen
Praskacstr. 101-108
A-3430 Tulln

Quedlinburger Saatgut GmbH
Postfach 13
D-06472 Quedlinburg

Raritätengärtnerei
Treml
Eckerstr. 32
D-93471 Arnbruck

Rosenbaumschule
Martin Weingart
Hirtengasse 16
D-99947 Bad Langensalza

Rosen-Tantau
Tornescher Weg 13
D-25436 Uetersen

Ruf
Rosenschule
D-61231 Bad Nauheim-Steinfurt

Samen-Mauser
Postfach 67
CH-8404 Winterthur

Gustav Schlüter
Pflanzenversand
D-25335 Bokholt-Hanredder

Schultheis-Rosen
D-61231 Bad Nauheim-Steinfurt

Sperli-Samen
Hamburgerstr. 35
D- 21339 Lüneburg

Spitzl
Erdbeerpflanzen
Oberaschauer Str. 1
D-83355 Grabenstätt

Starkl
Gärtnerei-Versand
A-3430 Frauenhofen/Tulln

Syringa B. Dittrich
Duftkräutersamen
Postfach 1147
D-78245 Hilzingen

Gartenzubehör

Ing. G. Beckmann KG
Simoniusstr. 10
D-88239 Wangen/Allgäu

Euflor GmbH
für Gartenbedarf
Ridlerstr. 75
D-80339 München

Gardena GmbH
Bewässerungssysteme
Hans-Lorenser-Str. 40
D-89079 Ulm

Kiepenkerl
Mypex-Vlies
Postfach 1263
D-48348 Everswinkel

Kuno Krieger
Gewächshäuser
Gahlenfeldstr. 5
D-58313 Herdecke

Lacon GmbH
Rosenbögen
J.S. Piazolostr. 4a
D-68766 Hockenheim

Osmo
Holzzaunsysteme, Farben
Postfach 6340
D-48033 Münster

Plus-Garden System A/S
Zaun- u. Pergolensysteme
DK-6600 Vejen

Tropf-Blumat
Weniger KG
A-6410 Telfs

Unopiu
Pergolen, Gartendekor
Am Dornbusch 24-26
D-64390 Erzhausen

Wolfgang Matt
Metallgestaltung
Ländelstr. 34
D-74383 Neckarwestheim

STICHWORTVERZEICHNIS

Die Deutsche Bibliothek – Cip-Einheitsaufnahme

Kleine grüne Paradiese : kreative und und platzsparende ideen für jeden Garten / Siegfried Stein. – München ; Wien ; Zürich : BLV, 1998
ISBN 3-405-15407-3

Bildnachweis:
Alle Bilder vom Autor,
außer Seite 12 u.: Dietrich und Hildegard Winne;
Seite 90: Wolfram Franke; Seite 103 u.: Beckmann.

Grafiken: Alle von Daniela Farnhammer,
außer Seite 86: Johannes-Christian Rost

BLV Verlagsgesellschaft mbH
München Wien Zürich
80797 München

Umschlaggestaltung: Studio Schübel, München
Lektorat: Dr. Thomas Hagen
Herstellung: Hermann Maxant
Reproduktion: Repro Ludwig, Zell a. See
Druck: Appl, Wemding
Bindung: Ludwig Auer, Donauwörth

Gedruckt auf chlorfrei gebleichtem Papier

Printed in Germany · ISBN 3-405-15407-3

Kreative Ideen für
Balkon, Terrasse und Garten

Siegfried Stein
Gartenräume wohnlich gestalten
Sitzplätze · Pavillons · Pergolen ·
Lauben · Grüne Wände
Ein breites Spektrum an Vorschlägen, wie man »Grüne Zimmer«
gestaltet, die eine wohnliche
Atmosphäre im Garten schaffen
und einen angenehmen Aufenthalt im Freien ermöglichen.

Christoph und Maria Köchel
**Kübelpflanzen –
Der Traum vom Süden**
Wintergärten und Terrassen
gekonnt gestalten
Exotische Pflanzen für Wintergärten und Terrassen: Das Standardwerk in Neuausgabe mit
Porträts von über 160 Kübelpflanzen aus aller Welt in Bild
und Text – mit Gestaltungsvorschlägen, Pflanzplänen für
Wintergärten und zahlreichen
Hinweisen aus der Praxis.

Thomasina Tarling
**Gartenglück
auf kleinem Raum**
Zauberhafte Ideen für Vorgärten,
Innenhöfe, Dachgärten

Phantasievolle Vorschläge für
die Gestaltung von Eingängen,
Durchgängen, Souterraingärten,
Hinterhof- oder Dachgärten und
vieles mehr mit Bepflanzungs-
und Pflegeanleitungen.

Francesca Greenoak
**Reizvolle Wasserelemente
im Garten**
Teiche · Becken · Tröge · Wasserspeier · Brunnen · Wasserläufe
Die magische Wirkung von Wasser im Garten: das ganze Spektrum reizvoller Wasserelemente,
ihre Integration in den Garten,
praktische Tips für Design und
Konstruktion, Instandhaltung
und Pflege sowie die geeigneten
Pflanzen.

Graham Strong
**Dekorative Gefäße
phantasievoll bepflanzen**
Die besten Ideen für alle
Jahreszeiten
Pflanzenarrangements in schönen
Gefäßen harmonisch gestalten:
reizvolle Beispiele, Praxistips zu
Pflanzung und Pflege sowie
Variationsvorschläge, um die
Attraktivität zu verlängern.